하루 15분, 기적의 영어습관

초판 1쇄 발행 2013년 1월 5일
초판12쇄 발행 2015년 3월 23일

지은이 전대건
펴낸이 연준혁

출판8분사 편집장 김화정
책임편집 지연
제작 이재승

펴낸곳 (주)위즈덤하우스 | 출판등록 2000년 5월 23일 제13-1071호
주소 (410-380) 경기도 고양시 일산동구 정발산로 43-20 센트럴프라자 6층
전화 031)936-4000 팩스 031)903-3891
홈페이지 www.wisdomhouse.co.kr
종이 월드페이퍼 | 인쇄·제본 현문인쇄

값 12,000원   ISBN 978-89-6086-583-9 [13740]

* 잘못된 책은 바꿔드립니다.
* 이 책의 전부 또는 일부 내용을 재사용하려면
  사전에 저작권자와 (주)위즈덤하우스의 동의를 받아야 합니다.

국립중앙도서관 출판시도서목록(CIP)

하루 15분, 기적의 영어습관 / 전대건 지음. — 고양 : 위즈덤하우스, 2012
    p. ; cm

본문은 한국어, 영어가 혼합수록됨
ISBN 978-89-6086-583-9 [13740] : ₩12000

영어 회화[英語會話]
747.5-KDC5
428-DDC21   CIP2012005949

**하루 15분,
기적의
영어습관**

하루 15분, 기적의 영어습관

초판1쇄 발행 2013년 1월 5일
초판8쇄 발행 2013년 7월 23일

지은이 전대건
펴낸이 연준혁

출판8분사 편집장 김화정
책임편집 지연
제작 이재승

펴낸곳 (주)위즈덤하우스 | 출판등록 2000년 5월 23일 제13-1071호
주소 경기도 고양시 일산동구 장항동 846번지 센트럴프라자 6층
전화 031)936-4000 팩스 031)903-3891
홈페이지 www.wisdomhouse.co.kr
종이 월드페이퍼 | 인쇄·제본 현문인쇄

값 12,000원   ISBN 978-89-6086-583-9 [13740]

* 잘못된 책은 바꿔드립니다.
* 이 책의 전부 또는 일부 내용을 재사용하려면
  사전에 저작권자와 (주)위즈덤하우스의 동의를 받아야 합니다.

국립중앙도서관 출판시도서목록(CIP)

하루 15분, 기적의 영어습관 / 전대건 지음. — 고양 : 위즈덤하우스, 2012
   p. ;   cm

본문은 한국어, 영어가 혼합수록됨
ISBN 978-89-6086-583-9 [13740] : ₩12000

영어 회화[英語會話]
747.5-KDC5
428-DDC21   CIP2012005949

하루 15분, 기적의 영어습관

전대건 지음

위즈덤하우스

>> Prologue

하루 15분,
영어습관의 기적

안녕하세요, 여러분? 전대건 인사드립니다. 지금 막 이 책을 집어든 여러분께 꼭 전하고 싶은 이야기가 있어 이렇게 펜을 들었습니다. 연애편지를 쓰듯 한 자 한 자 진심을 담아 적어 내려갈 테니 귀찮다고 덮지 말고 끝까지 꼭 읽어주셔야 되니데이~!

영어는 무엇보다 지치지 않고 즐기는 습관이 중요합니다. 우리말에 '가랑비에 옷 젖는다'는 속담이 있는데, 영어공부도 그런 것 같습니다. 처음에는 표현 하나, 단어 몇 개로 시작했으나 그것이 매일 차곡차곡 쌓이면서 놀랄 만큼 향상된 자신을 발견할 수 있거든요. 블로그에 '전대건의 영어 한 문장'이란 영어 강의를 올리기로 결심한 것도 바로 그런 이유에서였습니다. 제가 경험한 작은 기적을 다른 분들과 공유하고 싶었거든요. 그래서 10분 분량으로 매일 영어강의를 찍어서 블로그에 포스팅하기 시작했습니다.

누군가를 가르친다는 게 쉬운 일은 아니더군요. 10분 강의를 위해 몇 시간, 며칠의 노력이 필요했어요. 오늘 준비한 문장이 실생활에서 바로 쓸 수 있는 표현인지 점검하고 가장 효과적으로 전달할 수 있는 방법이 무얼까 고민해야 했죠. 힘들어서 포기하고 싶은 순간도 있었지만 강의를 준비하고 영어를 가르치면서 저도 많이 배울 수 있었어요. 그리고 영어를 처음 공부할 때 맨땅에 헤딩하는 심정으로 수많은 시행착오를 겪다보니 여러분들이 영어공부하실 때 겪으실 어려움들이 눈에 보이더라고요.

그렇게 1년 이상 블로그를 운영하다보니 국내에서뿐만 아니라 세계 곳곳에 많은 분들과 소통할 수 있게 되었어요. '대건쌤~ 오늘 쌤이 가르쳐 준 문장 실제로 써먹었어요. 완전 좋아요!' '여행지에서 호텔로 가다 길을 잃었는데 지나가는 외국인한테 강의에서 배운 문장 활용해서 무사히 돌아갈 수 있었어요!' 등의 글을 접하면서 '아, 내가 허투루 강의하고 있진 않구나'라는 감사함을 느꼈습니다.

저 멀리 아르헨티나에서 캐나다, 인도, 미국에 계신 분들까지 진심어린 격려와 응원을 해주셨죠. 경상도 사투리로 청취자들의 참여를 유도하며 진행하는 독특한 강의에 많은 분들이 호응해주셨고 덕분에 감사하게도 책 출간의 기회를 맞이하게 되었습니다.

〈하루 15분 기적의 영어 습관〉은 시중에 나와 있는 영어책들과는 본질적으로 다릅니다. 앗, 약 팔러 나온 약장수 같다고요? 일단 한번 들어보시라니깐요!^^ 이 책에는 저 전대건이 엄선하고 또 엄선한 100개의 초실용적인 문장들이 수록되어 있습니다. 문장마다 재미있는 스토리와 활용도 200%의 예문을 통해 영어 표현의 이해를 극대화했습니다. 그리고 100개의 문장마다 강의와 mp3가 QR코드 형태로 탑재되어 있어 여러분의 스마트폰이나 기기를 통해 언제 어디서든 보고 들으실 수 있답니다. 지루하실 틈이 없도록 강의 내내 손짓발짓 동원하며 여러분들의 영어 흥미도와 관심을 쭉~쭉 올려드리고, 강의 중간 중간 백프로 진심어린 잔소리들로 여러분들이 포기하지 않도록 마구마구 채찍질(?)해드릴 예정입니다.

이 책을 활용하여 더도 말고 하루에 딱 한 문장씩만! 지금 바로 써먹을 수 있는 표현을 즐겁게 익혀보세요. 여러분의 하루 15분이 헛되이 흘러가지 않도록 도와드리겠습니다. 매일 15분씩 출퇴근, 등하교길, 자투리 시간에 이 책과 함께 즐거운 영어 습관을 만들어보세요. 여러분 모두 영어공부가 즐거워지고 영어에 자신감이 붙는 '하루 15분 기적의 영어습관'을 열어드리겠습니다. 일단 믿고 함 따라와 달라이께네~!

저의 진심이 전달되었기를 바라며, 이 책이 나오기까지 수고해주신 출판사 위즈덤하우스 식구들과 원고작업 동안 응원해 주신 가족과 친구들, '전대건의 영어 한 문장'을 사랑해주신 모든 분들, 마지막으로 누구보다 큰 힘이 되었던 여자 친구에게 감사의 마음을 전합니다. 젊은 청년의 노력과 열정을 가득 담은 이 책이 여러분들의 영어공부에 자양분이 되길 진심으로 바라고 응원합니다. Thanks a million, you guys!

2012년 겨울

전대건

>> **How to use**

하루 15분,
영어습관을 만들기 위한
이 책의 활용법

이 책은 영어공부를 꾸준히 하고 싶지만 의지가 약해 매번 작심삼일로 끝나는 분들을 위해 고안되었습니다. 저자가 직접 강의한 10분 분량의 동영상 강의와 5분이면 읽을 수 있는 부담 없는 텍스트로 전 과정을 15분에 마칠 수 있습니다. 포기하지 않고 꾸준히 영어를 공부하고 싶다면 이렇게 공부해보세요!

하루 10분 | 강의 듣고 감 잡기

대건 씨의 에피소드를 읽으면서 오늘 배울 표현이 어떤 상황에서 쓰이는지 기억해두세요. 실제 상황이라 상상하면서 영어로는 어떻게 말할지 스스로 직접 만들어 본 후, 동영상 강의를 들어보세요. 저자 선생님의 쉽고 유쾌한 강의를 듣다 보면 어느덧 10분이 훌쩍 지나간답니다. 영어공부하려고 따로 시간 낼 필요 없이 출근길, 점심시간, 퇴근길 등 자투리 시간만 활용해도 충분합니다.

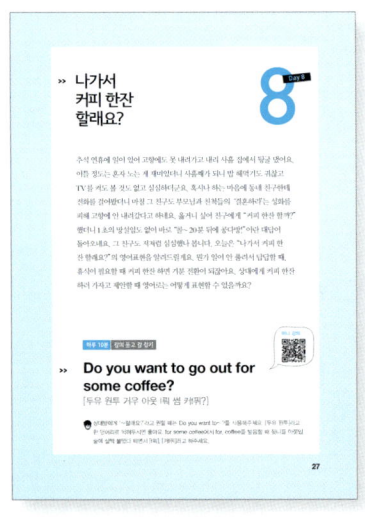

❶ 좌충우돌 대건이의 에피소드를 상상하며 읽어보세요. 그 상황을 현실에서 만난다면 영어가 저절로 튀어나옵니다.

❷ 저자가 직접 강의한 10분 동영상 강의가 매 챕터 수록되어 있습니다. QR코드를 삽입하여 언제 어디서든 스마트폰만 있으면 강의를 들을 수 있습니다. 따로 시간 낼 필요 없이 자투리 시간만 잘 활용해도 효과 만점!

● 동영상 강의는 http://daegoni86.blog.me에서 보실 수 있습니다.
● QR코드를 찍으면 스마트폰으로도 시청하실 수 있습니다.

| 하루 5분 | 영어표현 되새기기 |

귀에 쏙쏙 들어오는 선생님의 강의를 들으셨다면, 이제는 여러분의 차례입니다. 강의만 듣고서는 온전히 자기 것이 될 수 없어요. 단 5분이라도 혼자서 정리해보는 시간이 필요합니다. 스스로 영어문장을 소리 내어 연습해보고, 강의의 내용을 복습한다는 심정으로 부담 없이 설명을 읽으면서 오늘의 영어표현을 정리해봅니다.

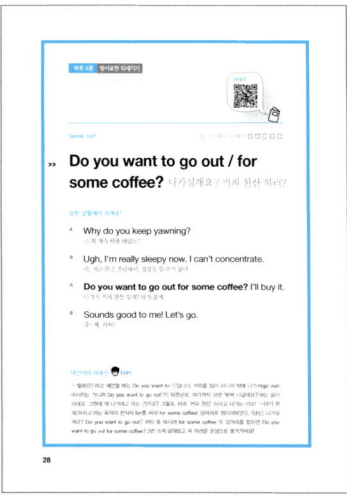

❶ QR코드를 찍으면 mp3를 스마트폰에서 바로 플레이 할 수 있습니다. 원어민의 음성을 듣고 큰 소리로 5번씩 따라해 보세요.

❷ 앞에서 배운 표현을 회화에 적용해볼까요? 꼭 필요한 순간에 영어가 튀어 나올 수 있도록 실전대화를 통해 연습해보세요.

❸ 오늘 배운 표현을 복습한다는 심정으로 부담 없이 쭉 읽어보세요.

● mp3파일은 www.wisdomhouse.co.kr에서 다운로드 받으실 수 있습니다.

>> Contents

Day 001	간단히 요기하고 싶네요 I want to go grab a quick bite.	13
Day 002	저 요즘 자꾸 건망증이 생겨요 I'm getting so forgetful these days.	15
Day 003	밑져야 본전이지 It doesn't hurt to try.	17
Day 004	내 손에 장을 지진다 I'll eat my hat if that happens.	19
Day 005	넌 입이 가볍잖아 You have a big mouth.	21
Day 006	한 잔만 마시면 얼굴이 시뻘게져요 My face gets all red after one sip.	23
Day 007	(생각이 안 나고) 혀끝에서 맴도네 It's on the tip of my tongue.	25
Day 008	나가서 커피 한잔 할래요? Do you want to go out for some coffee?	27
Day 009	너 입 냄새 쩐다. 아주 죽겠네 You have bad breath. It's killing me.	29
Day 010	분위기 썰렁하게 만들지 마 Don't turn the air blue.	31
Day 011	저 지금 차멀미해요 I'm feeling carsick.	35
Day 012	당신 헛다리 짚고 계신 거예요 You're barking up the wrong tree.	37
Day 013	저 이번에는 실수하고 싶지 않아요 I don't want to drop the ball this time.	39
Day 014	너 왜 옷 쫙 빼입었어? Why are you all dressed up?	41
Day 015	어떻게 나에 대해 고자질할 수 있어요? How could you tell on me?	43
Day 016	저 입맛 버리고 싶지 않아요 I don't want to spoil my appetite.	45
Day 017	낮말은 새가 듣고 밤말은 쥐가 듣는다잉! Walls have ears.	47
Day 018	신용카드로 결제할게요 I'll pay with my credit card.	49
Day 019	지금 닭살 돋고 있어 I'm getting goose bumps.	51
Day 020	의자 좀 앞으로 당겨주실래요? Could you pull your seat forward a bit, please?	53
Day 021	가위바위보로 정하자 Let's decide by rock-paper-scissors.	57
Day 022	난 잠귀가 밝아 I'm a light sleeper.	59
Day 023	우리 그냥 지름길로 가요 Let's just take a shortcut.	61
Day 024	이거 입안에서 살살 녹네요 This melts in my mouth.	63
Day 025	역시 집이 최고예요! There's no place like home.	65

Day 026	그 식당 배달하는지 아세요? Do you know if the restaurant delivers food?	67
Day 027	죄송한데 저 사진 찍기 싫어해요 I'm sorry but I'm camera-shy.	69
Day 028	실수로 전화 걸었어요 I dialed your number by mistake.	71
Day 029	저 뭐 좀 하느라 바빴어요 I was busy working on something.	73
Day 030	걔는 백 있어요 He has strings to pull.	75
Day 031	이번엔 니가 쏴. 다음번엔 내가 쏠게 You treat me this time. I'll treat you next time.	79
Day 032	어제 그녀가 나 바람 맞혔어 She stood me up yesterday.	81
Day 033	완전 마른하늘에 날벼락이었지 It was a bolt from the blue.	83
Day 034	머리에 쥐날 것 같아 My head is going to split.	85
Day 035	처음부터 일이 꼬였어 I got off on the wrong foot.	87
Day 036	나 오늘 외식하고 싶어 I want to eat out today.	89
Day 037	우리 이번 주말에 뭉치는 게 어때요? Why don't we get together this weekend?	91
Day 038	5분 뒤에 다시 전화 드려도 될까요? Can I call you back in 5 minutes?	93
Day 039	여기서 내려주실래요? Can you drop me off here?	95
Day 040	전화 끊었다가 다시 할게요 I'll hang up and call you back.	97
Day 041	중국음식 시켜먹자 Let's order in Chinese food.	101
Day 042	저는 끼니를 자주 걸러요 I skip meals quite often.	103
Day 043	코가 막혔어요 I have a stuffy nose.	105
Day 044	뭐 잘못 드셨어요? Did you eat something wrong?	107
Day 045	나이에 비해서 젊어 보이시네요 You look young for your age.	109
Day 046	어머니 진짜 많이 닮으셨네요 You really take after your mother.	111
Day 047	너 조금도 변하지 않았네 You haven't changed a bit.	113
Day 048	저 입맛이 되돌아왔어요 I got my appetite back.	115
Day 049	그 제품 이름 저한테 문자해주세요 Text me the name of the product.	117
Day 050	우리 그냥 채널 돌리자 Let's just change the channel.	119

Day 051	휴대폰 좀 진동으로 해주실래요? Can you put your cellphone on vibrate? 123
Day 052	목 안이 너무 간질간질해요 My throat is very itchy. 125
Day 053	얼굴 빨개지시네요, 당황했어요? Your face is turning red. Are you embarrassed? 127
Day 054	걸어갈 수 있는 거리예요 It's within walking distance. 129
Day 055	걔가 말한 정보 믿을만해요? Is the information she said reliable? 131
Day 056	저 이거 할부로 샀어요 I bought this in installments. 133
Day 057	여기가 시내로 가는 버스정류장 맞나요? Is this the right bus stop for downtown? 135
Day 058	부탁이 있어서 전화했어요 I'm calling to ask you a favor. 137
Day 059	이 지폐 잔돈으로 바꿔줄 수 있나요? Can you break this bill? 139
Day 060	다음번에 갚을게요 I'll pay you back next time. 141
Day 061	그거 교환하지 그래요? Why don't you exchange it? 145
Day 062	저 오늘 저녁에 회식 참석해야 해요 I have to attend a staff dinner. 147
Day 063	너희 잘 좀 지낼 수 없니? Can't you guys get along? 149
Day 064	배에서 꼬르륵 소리가 나요 My stomach is growling. 151
Day 065	제가 배송료 내야 하나요? Should I pay for the delivery? 153
Day 066	밥 먹을 시간도 거의 없다 I barely have time to eat. 155
Day 067	밀린 잠이나 좀 자려고요 I'm going to catch up on my sleep. 157
Day 068	너 정말 확 튀겠는데? You're really going to stand out. 159
Day 069	저 손가락에 물집 생겼어요 I got a blister on my finger. 161
Day 070	거스름돈 잘못 주셨어요 You gave me the wrong change. 163
Day 071	이거 덜 익었어요 This is undercooked. 167
Day 072	하루에 커피 몇 잔 마셔요? How many cups of coffee do you drink a day? 169
Day 073	전 정말 음치예요 I'm really tone-deaf. 171
Day 074	추워서 손에 감각이 없어 My hands are all numb because of the cold weather. 173
Day 075	우리 약속 좀 앞당길 수 있을까요? Can we move up the appointment? 175

Day 076	저 어제 집에 오자마자 뻗었어요 I blacked out as soon as I got home yesterday. 177
Day 077	그거 반으로 나눠 주실래요? Would you split it in half? 179
Day 078	너무 무리하지는 마세요 Don't go out of your way. 181
Day 079	시간 가는 줄 몰랐어요 I lost track of time. 183
Day 080	그거 껐다가 다시 켜보지 그래요? Why don't you turn it off and turn it back on? 185
Day 081	저는 땀을 많이 흘려서 여름이 싫어요 I don't like summer because I sweat a lot. 189
Day 082	이거 좀 선물포장 해주실래요? Would you gift-wrap this? 191
Day 083	이 사진 제 실물보다 너무 잘 나왔어요 This picture flatters me 193
Day 084	내일 비 안 왔으면 좋겠어요 I hope it won't rain tomorrow. 195
Day 085	뭘 주문해야할 지 도통 모르겠어요 I have no idea what to order. 197
Day 086	전 항상 길을 잃어요 I get lost all the time. 199
Day 087	그릇 복도에 내놓을까요? Should I leave the dishes in the hall? 201
Day 088	무한도전 오늘 방송되지 않을 거예요 Moohandojeon won't air today. 203
Day 089	이 사진 초점이 안 맞네요 This picture is out of focus. 205
Day 090	TV에는 재방송 뿐이네요 There's nothing but re-runs on TV. 207
Day 091	탈의실이 어디죠? Where is the fitting room? 211
Day 092	제 시계는 5분 빨라요 My watch is 5 minutes fast. 213
Day 093	우리 오해를 풀 수 있을까요? Can we clear up the misunderstanding? 215
Day 094	저는 말주변이 없어요 I'm not good with words. 217
Day 095	전화 받기 곤란하세요? Did I catch you at a bad time? 219
Day 096	당신 난처하게 하려고 했던 건 아니에요 I didn't mean to embarrass you. 221
Day 097	이 도로는 늘 교통체증이 심해요 The traffic is always bad on this road. 223
Day 098	얼굴에 점 몇 개 뺐어요 I removed some moles on my face. 225
Day 099	우리 다른 얘기하면 안 될까요? Can we change the subject? 227
Day 100	여기저기 떠벌리고 다니지 좀 마세요 Don't go around advertising. 229

›› 간단히 요기하고 싶네요

Day 1

배가 고픕니다. 하지만 참아야 합니다. 지금 밤 11시거든요. 저녁 먹은 지 세 시간도 안 됐는데 이 염치없는 뱃속에는 거지가 사는 걸까요? 꼬르륵꼬르륵 아주 난리가 났어요. '야식은 다이어트의 적'이라지만… 허기가 지니 기운이 쭈욱 빠지는 게 세상에서 제일 불행한 놈이 된 것 같아요. 결국 뭘 좀 먹기로 했네요. 한 500m 걸어가면 24시간 운영하는 햄버거 가게가 있는데, 거기 가서 호주산 청정우로 만든 불고기버거 세트랑 우리 쌀로 만든 라이스버거 세트 가볍게 먹고 오려고요(대건이의 위는 아직도 성장 중이어서요^^*).

　오늘의 문장은 "간단히 요기하고 싶어요."입니다. '요기하다'가 영어로 뭔지 고민하고 계시죠? 머릿속으로 먼저 만들어보시고요. 다 되신 분들은 저와 함께 출바~알!

하루 10분 | 강의 듣고 감 잡기

›› **I want to go grab a quick bite.** [아 원투 고 그랩어 쿠익바이트]

미니 강의

> want to는 wanna로도 많이 쓰죠. 발음은 [워나] 정도로 해주시면 돼요. quick은 퀵서비스할 때 그 '퀵' 말고 [쿠윅]으로 발음해주세요. u와 i 두 개의 모음(복모음)이 올 경우 우리는 '으이→위'라고 이어서 발음하지만, 원어민들은 따로 발음하거든요. '퀵'이 아니고 [쿠익]이예요~

13

하루 5분 | 영어표현 되새기기

Speak out! 5번 소리내어 따라하기 ☐ ☐ ☐ ☐ ☐

➤➤ I want to / go grab a quick bite.
저는 원해요 ~하는 것을 / 가서 간단하게 요기하는 거.

요런 상황에서 쓰여요!

A What time is it? Ugh, I'm starving.
   몇 시고? 아, 배 열라 고픈데 지금.

B So am I. It's 11 p.m.
   나도 그래. 지금 11시다.

A **I want to go grab a quick bite.** You wanna join?
   뭐 간단히 요기하러 가고 싶다. 니도 갈래?

B Alright. Hold on. Let me go get my jacket.
   오케이. 기다려봐. 가서 자켓 좀 챙겨올게.

대건이의 야무진 TIP!

요기한다는 것은 무언가를 가볍게 먹는다는 뜻이잖아요. 무엇을 먹으려면 당연히 입으로 물어서 (bite) 먹어야겠죠. 그리고 한상 차려놓고 제대로 먹는 게 아니라 햄버거나 토스트 같은 걸 손에 쥐고 후딱 먹는 거니까 grab a quick bite 하면 '간단히 요기하다' 정도의 뉘앙스가 되는 거죠. 동사 grab 에는 '움켜쥐다'는 뜻이 있으니까 어떤 상황인지 머릿속에 그림이 그려지시죠? 이제 덩어리 정리해볼게요! '저는 원해요/(to 부정사)하는 것을'은 I want to~ 원하는 것은? 가서(go) 간단하게 요기하는 거요. go grab a quick bite 합쳐볼까요? I want to go grab a quick bite. 큰 소리로 5번 야무~지게 내뱉어주세요!

저 요즘 자꾸 건망증이 생겨요

Day 2

매일 야근하느라 얼굴보기도 힘들었던 여자친구와 오랜만에 데이트를 하기로 했어요. 잃었던 점수 좀 만회하려고 오랜만에 세차도 하고, 외곽에 있는 근사한 레스토랑에도 예약을 해두었답니다. '어디보자. 휴대폰은 챙겼고, 어라? 내가 지갑을 어디다가 뒀더라? 자동차 키는 어디 있는겨?' 얼른 나가야 되는데 챙겨야 할 물건들이 어디에 있는지 도통 모르겠네요. 화가 잔뜩 난 여자 친구한테 어디냐고 전화오고, 문자오고……. 어휴! 난리도 아니네요. 이렇게 젊은 나이에 건망증에 허덕이고 있다니 정신 좀 차리고 살아야겠어요! 그나저나 오늘 점수 따긴 그른 거 같네요.

여러분, 오늘 우리가 배울 문장은 "저 요새 자꾸 건망증이 생겨요."입니다. '건망증'을 영어로 어떻게 표현할지 고민되시죠? 먼저 머릿속으로 만들어 보는 거 잊지 마세요. 그럼 오늘의 문장 같이 시작해볼까요?

하루 10분 | 강의 듣고 감 잡기

미니 강의

I'm getting so forgetful these days. [암 게링 쏘 f퍼겟f펄 디-즈 데이-즈]

미국식 발음은 모음과 모음 사이에 오는 t는 'ㅌ'가 아니라 [ㄹ]로 발음합니다. 그래서 getting을 '게팅'이 아니라 [게링]으로 발음하죠. 자, 그럼 forgetful 대신 다양한 형용사를 넣어볼까요?
- 저는 점점 지쳐가요. I'm getting tired.
- 제 친구는 자꾸 바빠져요. My friend is getting busy.

| 하루 5분 | 영어표현 되새기기 |

Speak out!　　　　　　　　　　　5번 소리내어 따라하기 ☐ ☐ ☐ ☐ ☐

» I'm getting so forgetful / these days.

저는 ~한 상태가 되어가요 자꾸 건망증이 있는 / 요즘에.

요런 상황에서 쓰여요!

A Daegun, did you bring my camera back?
대건아, 내 카메라 다시 갖고 왔나?

B What camera? Oh my God! I left it at the station.
뭔 카메라? 헐! 나 그거 역에다가 냅두고 왔다.

A Are you serious?
니 지금 장난하나?

B So sorry. **I'm getting so forgetful these days.**
진짜 미안하다. 내가 요새 건망증이 심해져가꼬.

대건이의 야무진 TIP!

get 동사 뒤에 형용사가 오면 '(형용사)되어 가다'는 뉘앙스를 가지게 된답니다. 오늘 우리가 사용한 형용사 forgetful은 '건망증이 있는'이란 뜻이라는 거 기억해주세요. 곧바로 덩어리로 정리해볼까요? 저는 건망증이 자꾸 생겨요(있어요). I'm getting forgetful~ 언제요? 요즘에요. these days 자, 합쳐보면요? I'm getting forgetful these days. 잘하셨습니다. 소리 내어 읽지 않으면 아무 소용없답니다. 꼭 5번 이상 큰소리로 읽어주세요.

›› 밑져야 본전이지

오늘의 문장을 소개하기에 앞서, 이 책을 출간하기까지의 에피소드를 잠깐 소개할까 합니다. 그동안 블로그와 팟캐스트를 통해 '전대건의 하루 한 문장'을 강의하면서 저도 많이 배우고 좋은 분들도 알게 되고 행복한 시간을 보내고 있었지요. 그러던 어느 날, 출판사에서 메일 한 통을 받았습니다. 요새 스팸메일 많잖아요. 스팸인 줄 알고 삭제하려다 '출판 제의 메일'이란 문구에 혹해서 메일을 열어봤죠. 그런데 와우! 정말 출판 제의였어요! 평생 하고 싶은 일 중 하나가 제 이름으로 된 책을 내는 거였거든요. 그래서 너무 기쁘면서도 과연 제가 할 수 있을지 고민이 되더군요. 이때 주변에서 "밑져야 본전이지! 강의할 때처럼 책 쓰면서 많이 배우게 될 거야. 도전해봐!"라며 격려해주었죠. 힘겨운 순간도 있었지만 최선을 다했고 여러분의 도움을 받아 결국 책을 낼 수 있었어요. 뭔가를 해야 할까 망설이고 있는 분들에게 용기와 힘을 전할 수 있는 표현 "밑져야 본전이지!" 아무~지게 배워봅시다!

하루 10분 강의 듣고 감 잡기

›› **It doesn't hurt to try.**
[잇더즌헐ㅌ 투 츄롸이]

try는 '트라이'가 아니라 [츄롸이]라고 발음해주세요. Just give it a try. 또는 Give it a shot. 이라고도 할 수 있어요. give it은 직역하면 거기에다 준다는 뜻이죠. 무엇을요? a try 아니면 a shot(시도)을요. 즉, "한번 해보세요."라는 격려의 말이 됩니다.

| 하루 5분 | 영어표현 되새기기 |

Speak out! 5번 소리내어 따라하기 ☐ ☐ ☐ ☐ ☐

›› It doesn't hurt / to try.
피해보지 않는다(다치지 않는다) / 시도하는 것이.

요런 상황에서 쓰여요!

A Should I take this offer? I should make a decision by tomorrow.
이 제안을 받아들여야 될까? 내일까지는 결정해야 되는데.

B Sure! What have you got to lose?
당연하지! 니가 잃을 게 뭐가 있노?

A Well... I don't know. I'm very nervous.
음… 잘 모르겠다. 너무 똥줄 타는데.

B Come on. **It doesn't hurt to try.**
얌마. 밑져야 본전이지!

대건이의 야무진 TIP!

어디에도 '본전'이란 말이 없다고요? 자, 앞 덩어리부터 한번 보시죠. 동사 hurt에는 '다치다, 아프다, 피해를 보다'는 뜻이 있답니다. 그런데 It doesn't hurt라고 부정을 했으니까 '피해볼 거 없어(다치지 않아)'가 되죠. 그런데 뭐가 다치지 않는다는 거죠? 그렇죠. to try하는 것이요. to 부정사는 웬만하면 '~하는 것'과 '~하기 위해서' 요 두 가지로 다 해석이 됩니다. 여기서 to try는 '시도하는 것'으로 쓰였어요. '시도한다고 피해보지 않는다'니까 우리말 "밑져야 본전이다."란 의미가 딱 완성되는 것이죠! 오늘의 문장, 쉽게 이해하시죠? 여러분도 영어공부 늘 즐겁게, 야무~지게 해주세요. 절대로 손해 볼 일 없으실 겁니다용! Trust me. It doesn't hurt to try! 항상 응원할게요, 여러분!

›› 내 손에 장을 지진다

Day 4

요새 한창 구직활동 중인 친구 녀석이 뜬금없이 밥 한 끼 사겠다고 연락이 왔어요. 오랜만에 김밥천국 가서 라볶이 국물에 참치김밥 찍어가며 냠냠 맛있게 먹었죠. 그런데 이 친구가 갑자기 저더러 자기가 3년 후에 갑부가 될 거라고 지금 자기한테 잘 보이라는 거예요. 무슨 제대로 된 사업거리라도 생겼나 싶어서 계획을 물어봤죠. 그랬더니 이 친구 대답 왈, "그럼! 오늘 이 김밥천국을 벗어나는 순간부터 매주 5장씩 3년 동안 로또복권을 살 거야! 3년 뒤엔 무조건 1등은 내거라니까. 내 사주가 평생 놀고먹을 팔자라더라. 우하하!" 헐~ 아마도 이 녀석이 고된 구직활동에 지쳐 현실도피 모드로 돌입했나 봅니다. 안타까운 마음으로 친구의 두 손을 붙잡고 말해줬죠. "야, 잔말 말고 열심히 공부해. 그런 일 생기면 내 손에 장을 지진다. 정신 차렷!" 오늘의 표현은 "그런 일 생기면 내 손에 장을 지진다."입니다. 장을 지진다? 영어로는 어떻게 표현할까요? 먼저 머릿속으로 10초 동안 문장을 만들어 보시고요! 다 되신 분들은 절 따라오세요~ Follow me!

하루 10분 | 강의 듣고 감 잡기

›› I'll eat my hat if that happens.
[알 이-ㅌ 마이햇 잎댓 해쁘스]

미니 강의

'내가 ~할게'는 I will 줄여서 I'll인데요. 연음을 시켜 [알]이라고 발음해주셔야 해요. "아줌마 알밤 주세요."할 때 '알'의 느낌을 기억해주세요. '아일'이 아니고 [알]입니다.

19

하루 5분 | 영어표현 되새기기

Speak out!   5번 소리내어 따라하기 ☐ ☐ ☐ ☐ ☐

» I'll eat my hat / if that happens.
저는 먹을 거예요 제 모자를 / 그런 일이 일어난다면.

요런 상황에서 쓰여요!

A I'm going to be a billionaire in 3 years!
   나 3년 뒤에 초갑부가 될 거데이!

B Wow, so you have a specific plan for it?
   와, 그라믄 니 뭐 구체적인 계획 같은 거 있겠네?

A Nope. I'm just going to play the lottery every week and I'll win the lottery!
   아뉘. 그냥 매주 로또복권 살 거야. 그러면 당첨이 될 테지!

B Hmm... **I'll eat my hat if that happens.**
   음… 그런 일 생기면 내 손에 장을 지진다.

대건이의 야무진 TIP!

첫 번째 덩어리 I'll eat my hat을 보세요. 직역하면, '저는 먹을 거예요/제 모자를'이란 뜻인데요. 아주 독특한 식습관이 있는 사람이라면 모를까 보통은 배가 고프다고 모자를 먹지는 않잖아요. 절대로 일어나지 않을 일을 두고 하는 말이죠. 그러니까 뒤에는 '만약 그런 일이 일어난다면'이란 전제가 붙어요. '만약'이라는 가정에는 if 가정법 기억하시죠? 어떤 일이 '우연히 일어나다'라고 할 때는 동사 happen이고요. 정리해볼게요. 저는 먹을 거예요/제 모자를. I'll eat my hat~ 그런 일이 생긴다면. if that happens 이어볼까요? I'll eat my hat if that happens. '그런 일 생기면 내 모자를 먹겠다'는 뜻으로 우리말에 "그런 일 생기면 내 손에 장을 지진다."와 일맥상통하는 표현이 됩니다.

≫ 넌 입이 가볍잖아

Day 5

저에겐 세 살 터울 남동생이 있어요. 이 녀석이 성격도 좋고 착하긴 한데, 한 가지 결정적인 흠이 있답니다. 바로 입이 싸다는 거죠. 어려서부터 동생에게 비밀이라고 신신당부하며 뭘 좀 얘기해주면 어떻게 된 것이 하루도 못 가서 엄마 귀에 쪼르르 들어가는 거예요. 사내자식이 무슨 입이 그리도 싼지……. 매번 속으면서 얘기하는 저도 문제지만요. 며칠 전에도 여자친구 생일을 맞아 지갑을 샀는데, 동생이 그걸 본 거예요. 그리고 그날 저녁 엄마에게 이 사실을 당당히 커밍아웃하는 바람에 지갑은 고스란히 우리 어무이 품으로… 덕분에 지갑도 뺏기고, 엄마보다 여친을 챙기는 나쁜 아들로 찍히고~ 아흑! ㅠㅠ 어찌나 속이 쓰린지 오늘의 문장은 "너는 입이 가벼워."로 뽑아봤습니다. 영어로는 어떻게 표현할 수 있을까요? 틀려도 상관없으니깐 반드시 여러분 머릿속으로 먼저 만들어보세요! 다 만드신 분들은 저와 함께 오늘의 문장 배우러 출발해봅시다! Here we go!

하루 10분 강의 듣고 감 잡기

≫ You have a big mouth.
[유 햅 어 빅마우th-]

저처럼 입이 과묵한 사람들을 위한 표현 하나 알려드릴게요. 기억하세요, 전대건은 입이 무거운 사람입니다!^^*
- 걱정 마. 입 꼭 다물게. Don't worry. My lips are sealed.

| 하루 5분 | 영어표현 되새기기 |

Speak out!   5번 소리내어 따라하기 ☐ ☐ ☐ ☐ ☐

›› You have / a big mouth.
너는 가지고 있잖아 / 커다란 입을.

요런 상황에서 쓰여요!

A Hey, what were you guys talking about?
야들아, 무슨 얘기하고 있었노?

B Um... Nothing.
어… 아무 것도 아이다.

A Come on. Is it a secret or something?
에이~뭔데. 뭐 비밀 그런 거야?

B Ugh. **You have a big mouth** so we don't want to share this with you!
니는 입이 가볍잖아. 그러니까 너한테는 말 안 해줄 거야.

대건이의 야무진 TIP!

big mouth의 유래보다는 이렇게 설명해드리면 이해가 잘 가실 것 같아요. 입이 가볍다는 건 말 그대로 오만 얘기 다 떠벌리고 다닌다는 뜻이잖아요. 아무래도 커다란 입(big mouth)이면 말을 내뱉기가 쉬운 구강구조라고 봐야겠죠? 입이 작은 애가 따발총처럼 두두두 말하면서 다니는 그림은 좀 웃기잖아요.^^ '너는 가지고 있다'는 You have '커다란 입'은 a big mouth 둘을 합쳐보면 You have a big mouth. 바로 "넌 입이 가볍잖아."라는 말입니다. big mouth 대신에 loose lips라는 표현을 쓰기도 해요. 입술이 헐거우니 말이 잘 새나가겠죠. 머릿속에 그려보시면 쉽게 이해하실 수 있어요.

한 잔만 마시면 얼굴이 시뻘게져요

Day 6

오늘은 제가 입사하고 처음으로 회식하는 날! 허나 마냥 즐겁지만은 않네요. 왜냐고요? 부서 식구들이 저 빼고 전부 '주당'이라고 들었거든요. 마시고 죽자 분위기라고 하던데… 사실 이건 집안내력이기도 한데요. 전 술 한 잔만 마셔도 얼굴이 시뻘게져요. 부서식구들에게 이 사실을 솔직하게 말하는 게 낫겠죠? 괜히 무리해서 마셨다가 실수라도 할까봐 걱정이네요. 조금만 마신다고 해야겠어요. 아니야, 그랬다가 안 좋게 찍히면 어쩌죠? 저, 정말 어찌해야 할까요? What should I do?

이런 상황 겪어보셨나요, 여러분? 저는 한 잔만 마셔도 그 집에 있는 술 다 마신 것 마냥 얼굴이 빨개진답니다. 요런 상황 영어로는 어떻게 표현할 수 있을까요? 얼굴이 빨개지다? Face red? 자, 10초 동안 꼭 머릿속으로 먼저 고민해보시고~ 오늘의 문장 확인해보자고요!

하루 10분 | 강의 듣고 감 잡기

미니 강의

My face gets all red after one sip. [마이 f페이스 겟츠 얼 뤨 앱터 원 씹ㅍ]

> sip은 명사로 '(아주 적은 양의) 한 모금'을 뜻하는데요. 그럼 빵 '한입'을 표현할 땐 어떻게 하면 될까요? 네! a bite라고 하시면 됩니다. "샌드위치 한입만 주면 안 돼?"는 영어로 Can I have a bite of your sandwich?라고 하면 됩니다. 야무지게 챙겨가세요!

하루 5분 | 영어표현 되새기기

Speak out! 5번 소리내어 따라하기 ☐ ☐ ☐ ☐ ☐

›› My face gets all red / after one sip. 제 얼굴은 돼요 완전 빨간 / 한 잔 후에.

요런 상황에서 쓰여요!

A Do you like drinking Soju?
   소주 마시는 거 좋아해요?

B Not really.
   그다지요.

A What's your drinking limit?
   주량이 어떻게 되시는데요?

B **My face gets all red after one sip.**
   한 잔만 마시면 얼굴이 시뻘게져요.

대건이의 야무진 TIP!

오늘 주목해야 할 부분 크게 두 가지로 정리해볼게요. 첫째! 주어가 어떠한 상태가 '된다'고 표현하고 싶을 때 동사 get을 활용한답니다. 얼굴이 빨개진다는 건 말 그대로 얼굴이 시뻘건 상태가 된다는 거 잖아요. 그래서 My face 뒤에 gets가 왔답니다! 그리고 '한 모금'은 a sip 또는 one sip이라고 하죠. 자, 오늘 표현 덩어리로 정리해볼까요? 제 얼굴은 상태가 됩니다/완전히 빨간 My face gets all red~ 언제요? 한 잔 마신 후 after one sip 합치면요? My face gets all red after one sip.(한 잔만 마시면 얼굴이 시뻘게져요.)

≫ (생각이 안 나고) 혀끝에서 맴도네

Day 7

모처럼 동네 친구 녀석들과 가을 옷 쇼핑을 하러 갔어요. 좀 더 저렴한 쇼핑을 위해 아울렛으로 향했지요. 그런데 우와! 바로 앞에 TV랑 영화에서 많이 본 어떤 분이 가족들과 같이 걸어가고 있더라고요. 친구랑 둘이서 너~무 반가워서 앞으로 후다닥 뛰어가서 인사하고 사진촬영을 부탁했어요. 감사하게도 흔쾌히 허락해주셔서 같이 어깨동무하고 사진도 찍었답니다. 그런데 그분 이름이 생각이 안 나는 거예요. 친구한테 물어봤더니만, 친구도 "어… 뭐더라? 혀끝에서 맴도네?"라네요. 쇼핑 끝나고 집에 와서 분노의 검색질을 한 결과, 마침내 그분의 이름을 알아냈습니다. 영화배우 마동석 씨였어요. 얼른 페이스북에 사진 올려서 자랑해야겠어요. 저처럼 누군가의 이름, 어떤 표현 등이 생각은 나는데 말로 딱 떠오르지 않을 때, "생각이 날 듯 말 듯 한데, 혀끝에서 맴도네."라는 표현 자주 쓰죠. 이런 경우 영어로 어떻게 표현할 수 있을까요?

하루 10분 | 강의 듣고 감 잡기

≫ It's on the tip of my tongue.
[잇츠 언 더 팁엎 마이 텅]

It is의 약자 It's는 '잇츠'라고 '으' 발음 강하게 하지 않고 [잇치]로 발음해주세요. 간혹 tongue(혀)을 글자 그대로 '텅구'라고 읽는 분이 계세요. 하지만 요 단어의 발음은 [텅]이라는 것 기억해주세요~

25

하루 5분 영어표현 되새기기

Speak out!   5번 소리내어 따라하기 ☐ ☐ ☐ ☐ ☐

›› It's / on the tip of my tongue.
그건 있습니다 / 제 혀끝에.

요런 상황에서 쓰여요!

A Do you remember the name of the actor we met on the street?
우리가 길에서 만났던 그 배우 이름 기억나나?

B Oh, sure. His name is...
아, 물론이지. 그 분 이름이…

A His name is...
그 분 이름이…

B Oh gosh. Hold on. **It's on the tip of my tongue.**
아놔, 잠깐만. 입에서 맴도는데.

대건이의 야무진 TIP!

혀끝에서 맴돈다는 것은 입 밖으로는 안 나오고 입 안에, 혀끝에 머무른다는 뜻이잖아요. '그것(정보 꺼리)이 내 혀끝에 있다'는 말을 영어로 옮겨볼까요? 우선, '그게 ~에 있다'는 It is~로 나타낼 수 있어요. 그런데 그 정보꺼리는 어디에 있을까요? 그렇습니다. 바로 '내 혀끝에' 있죠. 혀끝에 바짝 닿아서 입 밖으로 나올락 말락 하는 거니까 '~의 (바로)위에'라는 의미의 전치사 on을 붙여 on the tip of my tongue이라는 전치사구 덩어리를 완성할 수 있어요. be동사 뒤에는 곧바로 전치사구가 올 수 있으니까 It is와 on 전치사구 두 덩어리를 이어주면 It's on the tip of my tongue.(혀끝에서 맴도네요.)라는 말이 짠잔~ 완성되는 겁니다. 확실히 이해 가시죠?

≫ 나가서 커피 한잔 할래요?

Day 8

추석 연휴에 일이 있어 고향에도 못 내려가고 내리 사흘 집에서 뒹굴 댔어요. 이틀 정도는 혼자 노는 게 재미있더니 사흘째가 되니 밥 해먹기도 귀찮고 TV를 켜도 볼 것도 없고 심심하더군요. 혹시나 하는 마음에 동네 친구한테 전화를 걸어봤더니 마침 그 친구도 부모님과 친척들의 '결혼하라'는 성화를 피해 고향에 안 내려갔다고 하네요. 옳거니 싶어 친구에게 "커피 한잔 할까?" 했더니 1초의 망설임도 없이 바로 "콜~ 20분 뒤에 콩다방!"이란 대답이 돌아오네요. 그 친구도 저처럼 심심했나 봅니다. 오늘은 "나가서 커피 한 잔 할래요?"의 영어표현을 알려드릴게요. 뭔가 일이 안 풀려서 답답할 때, 휴식이 필요할 때 커피 한잔 하면 기분 전환이 되잖아요. 상대에게 커피 한잔 하러 가자고 제안할 때 영어로는 어떻게 표현할 수 있을까요?

하루 10분 강의 듣고 감 잡기

≫ Do you want to go out for some coffee?
[두유 원투 거우 아웃 f풔 썸 커f퓌?]

상대방에게 '~할래요?'라고 권할 때는 Do you want to~?를 사용해주세요. [두유 원투]라고 한 덩어리로 익혀두시면 좋아요. for some coffee에서 for, coffee를 발음할 때 윗니를 아랫입술에 살짝 붙였다 때면서 [f풔], [커f퓌]라고 해주세요.

하루 5분 | 영어표현 되새기기

Speak out!   5번 소리내어 따라하기 ☐ ☐ ☐ ☐ ☐

>> Do you want to go out / for some coffee? 나가실래요 / 커피 한잔 하러?

요런 상황에서 쓰여요!

A **Why do you keep yawning?**
니 왜 계속 하품 해쌌노?

B **Ugh, I'm really sleepy now. I can't concentrate.**
아, 지금 완전 졸린데이. 집중을 할 수가 없다.

A **Do you want to go out for some coffee? I'll buy it.**
나가서 커피 한잔 할래? 내가 쏠게.

B **Sounds good to me! Let's go.**
좋~제. 가자!

대건이의 야무진 TIP!

'~할래요?'라고 제안할 때는 Do you want to~?입니다. 커피를 집이 아니라 밖에 나가서(go out) 마시자는 거니까 Do you want to go out?이 되겠군요. 여기까지 하면 '밖에 나갈래요?'라는 말이 되네요. 그런데 왜 나가려고 하는 건가요? 그렇죠, 바로 '커피 한잔' 하려고 나가는 거죠! '~하기 위해/하려고'라는 목적의 전치사 for를 써서 for some coffee! 덩어리로 정리해보면요. (당신) 나가실래요? Do you want to go out? 커피 좀 마시러 for some coffee 두 덩어리를 합치면 Do you want to go out for some coffee? 5번 크게 말해보고 꼭 여러분 문장으로 챙겨가세요!

» **너 입 냄새 쩐다. 아주 죽겠네.**

Day 9

늘어지게 늦잠을 잔 덕분에 세수도 제대로 못하고 얼굴에 물만 대충 찍어 바른 채 서둘러 출근 준비를 마쳤습니다. 현관을 열고 나가려는데 식탁 위에 며칠 전 사둔 마늘빵이 눈에 띄더군요. 후딱 집어 들고 지하철역으로 뛰면서 마늘빵을 먹는데 이건 코로 먹는지 입으로 먹는지 구분이 안 갈 정도였어요. 눈썹이 휘날리게 달린 덕분에 가까스로 지각은 면했는데, 사무실에 도착해 보니 바로 아침회의가 있네요. 서류를 챙기고 회의실에 들어섰는데, 옆자리 동료가 귀에 대고 "니 아침에 뭐 먹었노? 입 냄새 쩐다!"라는 거예요. 헉, 그러고 보니 세수한 기억은 있는데 양치질한 기억이… 솔직히 말해준 동료 덕분에 회의 내내 '예의바르게' 침묵했죠. 그래서 오늘의 문장은 "너 입 냄새 쩐다. (그것 때문에) 죽겠어."를 선택했습니다. 아무래도 이 표현은 스스럼없이 가까운 사이에서만 활용해야겠죠. 여러분의 머릿속으로 먼저 문장을 만드는 연습을 해보신 다음, 저와 함께 상~쾌하게 출발해보시죠!

하루 10분 강의 듣고 감 잡기

» **You have bad breath. It's killing me.**
[유 햅 뺃 브레th-. 잇츠 킬링 미]

breath[브레th-]는 명사로 '냄새'라는 뜻을 가지고 있습니다. '숨을 쉬다, 호흡하다'는 뜻의 동사형 breathe[브리-th]와 헷갈리지 마세요.

하루 5분 | 영어표현 되새기기

Speak out!　　　　　　　　　　5번 소리내어 따라하기 ☐ ☐ ☐ ☐ ☐

❯❯ You have / bad breath. // It's killing / me.

넌 가지고 있어 / 입 냄새를. // 그게 죽이고 있어 / 나를.

요런 상황에서 쓰여요!

A　It's a good day today, huh? 오늘 참 날씨 좋다, 그쟈?

B　Yeah... did you eat garlic? 응… 니 마늘 먹었나?

A　How did you know that? I just ate some garlic bread.
어떻게 알았노? 나 막 마늘빵 먹었는데.

B　**You have bad breath. It's killing me!**
니 입 냄새 쩐다. 완전 죽겠다!

대건이의 야무진 TIP!

'입 냄새'는 영어로 bad breath입니다. breath가 '숨'인데, 숨 쉴 때 bad(나쁜) 냄새가 나는 거니까 입 냄새죠. 우리말로는 '입 냄새가 난다'이지만 영어일 때는 주어가 You라는 점, 그리고 have(가지고 있다) 동사를 사용했다는 점 유의하세요. 그리고 뒷 문장의 it은 앞에 bad breath를 받는 말이에요. 영어는 반복을 싫어해서 앞에 나온 단어는 it, this, that 같은 말(지시대명사)로 바꿔 말합니다. kill은 '죽(이)다'라는 뜻도 있지만 '죽을 만큼 괴롭다'라는 의미로도 씁니다. 우리도 "네 입 냄새 때문에 죽겠다."는 말을 하잖아요. 진짜 죽는다기보다는 죽을 만큼 힘들다는 뉘앙스인 거죠. 정리해볼게요! 너는 가지고 있어/구취를. You have bad breath. 그게 죽이고 있어/나를. It's killing me. 합쳐보면요? You have bad breath. It's killing me.

>> 분위기
썰렁하게
만들지 마

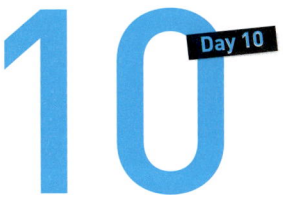

Day 10

오늘은 직장인 대건이가 제일 좋아하는 불금! 이 날만을 기다리며 한주를 버틴다고 해도 과언이 아니라니까요. 오늘 저녁엔 친구들이랑 밤새도록 빠뤼~를 즐겨야겠어요. 고기도 구워 먹고 소주도 한잔~! 캬~ 생각만 해도 스트레스가 싹 사라지는 것 같은데요? 우선 가까이 사는 동네 친구들한테 연락을 돌렸죠. "야! 오늘 애들 다 모아서 파티하자. 장소는 우리 집 앞마당이다! 씬나게 놀아보자~!" 그렇게 이른 저녁, 집 앞 마당에 동네 친구들끼리 뼁~ 둘러앉아서 시원한 맥주로 '건~배!'를 외치려는 순간, 어디선가 들려오는 익숙한 목소리. "저기, 나 생각해보니까 저녁 10시까지는 집에 가야…" 순간 한껏 업 되어있던 분위기에 정적이 흐르고 이 녀석을 제외한 모든 친구들이 이렇게 소리쳤죠. "야, 분위기 썰렁하게 만들지 마! 어디서 감히 초를 치려고!" 한껏 들뜬 분위기를 단번에 가라앉히는 사람에게 하는 말, "분위기 썰렁하게 만들지 마." 영어로는 어떻게 표현할까요?

미니 강의

하루 10분 | 강의 듣고 감 잡기

>> **Don't turn the air blue.**
[도운 턴 디에어 블루]

우리말의 '~하지 마'에 해당하는 Don't는 Do not의 약자로 [도운ㅌ]라고 발음해요. 가운데 '우' 발음, 끝에 'ㅌ' 발음 놓치지 마세요. blue는 색깔 말고도 '썰렁한, 우울한' 등의 의미로도 쓰여요. blue를 활용한 표현을 몇 가지 더 살펴볼까요?
• 오늘 기분이 좀 우울하네요. I feel blue today.
• 요즘엔 계속 기분이 우울해요. I'm feeling blue these days.

| 하루 5분 | 영어표현 되새기기 |

Speak out! 5번 소리내어 따라하기 ☐ ☐ ☐ ☐ ☐

» Don't turn / the air blue.
바꾸지 마라 / 분위기를 썰렁하게.

요런 상황에서 쓰여요!

A It's friday today. Why don't we party tonight?
금요일이네! 오늘 저녁에 파티 어떻노?

B Cool! When and where exactly should we start?
좋지! 몇 시에 어디서 시작해야 될까?

A Oh, come to think of it, I have to go back home before 10 p.m. so…
아, 생각해보니까, 나는 저녁 10시 전에 집에 가봐야 해서…

B Hey, **don't turn the air blue.**
야, 분위기 좀 썰렁하지 만들지 마라.

대건이의 야무진 TIP!

모르는 단어가 없어서 당황하셨나요? '분위기를 썰렁하게 하다'에 해당하는 표현으로 turn the air blue가 있어요. turn은 '바꾸다, 돌리다'는 뜻이죠. 그런데 무엇을? the air를! 여기서는 air를 '공기' 보다는 '분위기'라고 해석하는 게 좋겠어요. 분위기가 어떤 상태인 거죠? blue한 상태! blue 하면 '파란색(의)'부터 떠올리시겠지만 blue에는 '썰렁한, 우울한, 긴장한' 등의 의미도 있답니다! 덩어리로 정리해볼까요? 바꾸지 마세요. Don't turn~ 분위기를 썰렁하게 the air blue 합치면 Don't turn the air blue.(분위기 썰렁하게 하지 마세요.) turn 대신 '만들다'는 뜻의 make 동사를 써서 Don't make the air blue.라고 해도 됩니다.

SELF TEST

지금까지 배운 표현들, 한 번 말해 볼까요?

☞ 정답은 다음 페이지에

간단히 요기하고 싶네요.

저 요즘 자꾸 건망증이 생겨요.

밑져야 본전이지.

내 손에 장을 지진다.

넌 입이 가볍잖아.

한 잔만 마시면 얼굴이 시뻘개져요.

(생각이 안 나고) 혀끝에서 맴도네.

나가서 커피 한잔 할래요?

너 입 냄새 쩐다. 아주 죽겠네.

분위기 썰렁하게 만들지 마.

I want to go grab a quick bite.

I'm getting so forgetful these days.

It doesn't hurt to try.

I'll eat my hat if that happens.

You have a big mouth.

My face gets all red after one sip.

It's on the tip of my tongue.

Do you want to go out for some coffee?

You have bad breath. It's killing me.

Don't turn the air blue.

›› 저 지금 차멀미해요

Day 11

회사 동료들과 야유회를 떠나는 것도 좋지만, 뭐니 뭐니 해도 마음 맞는 친구들과 놀러가는 게 최고인 것 같아요. 사회생활을 하게 되면서 친구들과 휴가 한번 같이 가려해도 시간 맞추기가 하늘에 별 따기네요. 이거 원, 1년에 한 번 만나기도 힘드니 말이에요. 그래서 우리 사총사, 당일치기로 놀이공원에 가기로 했답니다. 나이 먹고 그게 뭐냐고요? 말리지 마세요. 저는 50살이 되어도 바이킹 탈 겁니다.

친구 놈이 운전하는 차를 타고 달린지 한 시간 정도 지났을까요. 갑자기 식은땀이 나면서 배가 살살 아파오네요. 울렁울렁 거리는 게 곧 토할 거 같아요. 이 나이에 아직도 차멀미라니……. 이거 참 환장할 노릇입니다. "저 지금 차멀미해요."를 영어로는 어떻게 표현할까요? '멀미'가 영어로 뭔지 모르겠다고요? 틀려도 좋으니까 꼭! 10초 동안 머릿속으로 먼저 만들어보세요.

하루 10분 강의 듣고 감 잡기

미니 강의

›› I'm feeling carsick.
[암 f필링 카ㄹ씩]

> 멀미종류가 차멀미만 있는 게 아니죠? 뱃멀미도 있고 또 비행기 탈 때 하는 멀미도 있잖아요! 뱃멀미는 바다에서 아픈 거니까 seasick, 비행기멀미는 하늘 위에서 아픈 거니까 airsick. 쉽게 이해가시죠? 예문으로 정리해볼게요.
> - 저 지금 뱃멀미해요! I'm feeling seasick.
> - 저 지금 비행기멀미해요! I'm feeling airsick.

하루 5분 영어표현 되새기기

Speak out!   5번 소리내어 따라하기 ☐ ☐ ☐ ☐ ☐

» I'm feeling / carsick.
저는 기분이 들어요 / 차멀미를 하는,

요런 상황에서 쓰여요!

A **Can you pull over for a while?**
   차 좀 잠깐만 세워줄래?

B **Are you alright?**
   너 괜찮나?

A **Actually, I'm feeling carsick. I think it's because of the hamburger I ate this morning.**
   사실 내 지금 차멀미한다. 내 생각에 이거 아침에 먹은 햄버거 때문인 거 같다.

대건이의 야무진 TIP!

여러분, 오늘의 키워드는 형용사 carsick이겠죠? 요놈 뜻 자체가 '차멀미를 하는'이거든요. 차멀미는 차에서 머리와 속이 아픈 거니까 carsick, 이렇게 외우면 쉽게 기억하겠죠? 한 가지 더, feel 뒤에 상태를 나타내는 happy(행복한), empty(공허한) 같은 형용사가 올 수 있다는 것도 꼬옥 잡아가세요! 이제 덩어리 정리해볼까요? 저는 (지금) ~한 기분이 들어요, I'm feeling~ 어떤 기분이요? 차멀미를 하는 carsick 덩어리 합쳐볼까요? I'm feeling carsick. 외국여행 하다가 차멀미가 나면 이제 참다가 토하지 말고 영어로 말해보세요!

당신 헛다리 짚고 계신 거예요

Day 12

모처럼 여유로운 주말. 헤드셋까지 끼고 고상하게 음악 감상을 하고 있는데, 동생이 제 어깨를 툭툭 치더니, 다짜고짜 저한테 따지는 거예요. "오빠가 내 컵 깼지? 깨놓고 입 꾹 닫으면 끝이야?" 아니, 이게 웬 뚱딴지같은 소리인가 싶어서 "야, 니 지금 무슨 소리 하는데? 무슨 컵?" 그랬더니만 동생은 언성을 더 높이면서 "와, 이젠 연기까지 하네? 진짜 실망이다." 이러는 거예요! 제가 진짜 컵 안 깨뜨렸거든요. 억울해서 저도 진지하게 한마디 했죠. "너 지금 헛다리 짚고 있는 거야. 난 니가 말하는 그 컵 자체를 본 적이 없다니깐? 아침부터 쭉 내 방에만 있었다고!" 나중에 밝혀졌지만 범인은 저희 집 고양이었어요. 헐~ 이렇게 누군가의 판단 착오를 지적해야 할 때 쓸 수 있는 표현 "당신 헛다리 짚고 계신 거예요."를 영어로는 어떻게 표현할 수 있을까요? 도통 감이 안 오신다고요? 10초 동안 꼭 머릿속으로 만들어 보시고요. 오늘의 문장 강의에서 야무지게 확인해볼게요!

미니 강의

하루 10분 강의 듣고 감 잡기

You're barking up the wrong tree. [유알 발킹업 더 뤄엉츄뤼]

좀 더 쉽게 말하고 싶다고요? 그럴 땐 make a wrong guess라는 표현을 활용해보세요. 틀린 추측을 나타내는 말이니 '헛다리 짚다'는 뜻이 되겠죠? 문장으로 써볼게요. I think you made a wrong guess.(너 헛다리 짚었어.) 여러분, 지금 졸고 계시죠? 뭐라고요? Daegun, you made a wrong guess.

| 하루 5분 | 영어표현 되새기기 |

Speak out!   5번 소리내어 따라하기 ☐ ☐ ☐ ☐ ☐

›› You're / barking up the wrong tree. 당신은 ~이에요 / 짖고 있는 틀린 나무에서.

요런 상황에서 쓰여요!

A Hey, how could you break my favorite cup and not tell me? 야, 너 어떻게 내가 제일 좋아하는 컵 깨놓고 말도 안 하는데?

B What? I have no idea what you're talking about.
뭐라고? 니가 무슨 말하는 건지 도통 감이 안 오는데.

A Wow, now you pretend that you don't know what it is, huh? 와, 이제 아예 뭔지도 모르는 척 하겠다 이거재. 어?

B Seriously, I don't know. I think **you're barking up the wrong tree.** 진짜로, 모르겠다니까. 너 지금 헛다리 짚고 있는 거 같은데.

대건이의 야무진 TIP!

오늘의 표현을 직역하면 '넌 틀린 나무에서 짖고 있는 거야.'라는 말이 되겠죠. 동사 bark에는 '짖다'는 뜻이 있어요. 왜 우리말에 "닭 쫓던 개 지붕 쳐다본다."라는 말이 있잖아요. 쉽게 말해서 '그 나무 위에는 개가 쫓던 새가 없는데 개는 그것도 모르고 계속 짖어댄다' 이런 의미죠. 그래서 bark up the wrong tree는 하나의 표현으로 '잘못 짚다'는 뜻이 있답니다. 덩어리로 볼까요? 당신은 ~하고 있어요. You're~ 뭐하고 있어요? 틀린 나무 위로 짖고 있어요. barking up the wrong tree 자, 이제 합쳐보면? You're barking up the wrong tree.(당신 헛다리 짚고 계신 거예요.)

저 이번에는 실수하고 싶지 않아요

아침부터 손이 덜덜 떨려 아무 일도 손에 잡히질 않네요. 왜 이렇게 긴장하냐고요? 회사에서 제가 아주 중요한 발표를 하는 날이거든요. 저번에 임원분들 앞에서 발표하면서 실수를 많이 했던 터라 이번엔 더욱 긴장이 되네요. 저 이번에는 실수하고 싶지 않아요! 준비 많이 했으니깐 멋지게 잘 해내고 칭찬 한번 들어보고 싶은 심정입니다. 여러분, 제가 안 떨고 발표 무사히 마칠 수 있도록 기를 불어넣어 주세요. 빠이야~!
자, 오늘의 문장은 "저 이번에는 실수하고 싶지 않아요."인데요. 영어로는 어떻게 표현할까요? 실수? mistake? 자, 머릿속으로 먼저 만들어보시고요. 저와 함께 오늘의 문장 배우러 가보시죠!

하루 10분 강의 듣고 감 잡기

>> **I don't want to drop the ball this time.** [아 돈 원투 쥬랍 더 볼 디스 타임]

- dr 사운드는 어떻게 발음할까요? drop the ball을 발음하실 때, '드랍 더 볼'보다는 [쥬랍 더 볼] 요래 발음해보세요. dr 사운드는 [쥬] 정도로 발음해주시는 것이 자연스럽습니다.
  · My dream is to be happy in my life. [마이 쥬림 이스 투비해삐 인마이 라잎]
  · Don't drop this. [돈 쥬랍 디스]
  · I saw a dragon in my dream. [아이 써 어 쥬래건 인 마이 쥬림]

하루 5분 | 영어표현 되새기기

Speak out!   5번 소리내어 따라하기 ☐ ☐ ☐ ☐ ☐

» I don't want to / drop the ball this time.

저는 ~하고 싶지 않아요 / 공을 떨어트리는 것을요 이번에.

요런 상황에서 쓰여요!

A Are you nervous? 긴장되세요?

B Actually I am. I failed before, but **I don't want to drop the ball this time.**
실은 그래요. 전에 실패했었는데, 이번에는 실수하고 싶지 않아요.

A I'm sure you can make it today. No worries!
오늘은 해내실 수 있을 거라 믿어요. 걱정 붙들어 매세요!

B Thank you for encouraging me. 격려해주셔서 감사해요!

대건이의 야무진 TIP!

뜬금없이 '공을 떨어뜨리다(drop the ball)'라니 생뚱맞죠? 이 표현은 미국 풋볼에서 유래되었는데요. 터치다운을 하기 위해 달려가다가 공을 떨어뜨리면 안 되잖아요. 그래서 어떤 일을 하는 데 있어서 '공을 떨어뜨리는 것'은 실수를 하다 즉, make a mistake와 비슷한 뜻을 가지게 되었답니다. 그럼 덩어리 정리해볼게요. 저는 ~하고 싶지 않아요. I don't want to~ 실수하는 것을 drop the ball this time 자, 이제 합쳐볼까요? I don't want to drop the ball this time.(저 이번에는 실수하고 싶지 않아요.)

» 너 왜 옷 쫙 빼입었어?

Day 14

저는 세상에서 옷 잘 입는 사람이 제일 부러워요. 이런 제가 딱해보였는지 부서 No.1 패셔니스타인 김 과장님이 백화점에 가서 옷을 골라주셨어요. 다음 날, 과장님이 코디해주신 그대로 입고 출근했는데, 평소에는 눈길도 잘 안주던 사람들이 왜 다들 저를 이리도 뚫어지게 쳐다보는 걸까요. "대건 씨, 오늘 무슨 날이야? 선 봐?," "진급시험 있어? 옷 쫙 빼입었네?" 여기저기서 무슨 좋은 일 있냐며 질문이 쏟아졌답니다. 주목받는 이 기분, 괜찮은데요? 이제부턴 패션에도 신경을 써야겠어요.
 자, 오늘의 문장은 "너 왜 옷 쫙 빼입었어?"입니다. 영어로는 어떻게 말할까요? 여러분의 힘으로 먼저 만들어보시는 거 잊지 마시고요!
자, 가볼까요?

하루 10분 | 강의 듣고 감 잡기

미니 강의

» Why are you all dressed up?
[와이r유 얼 쥬레스덥?]

'옷을 쫙 빼입다'는 표현은 방금 배웠듯이 be dressed up을 활용하시면 되는데요. 그렇다면 그냥 '캐주얼하게 옷을 입다'는 어떻게 표현할 수 있을까요? '옷을 입다'는 뜻의 동사는 dress인데요. 요걸 활용해서 dress casually라고 하시면 됩니다. 예를 들어볼까요?
 • 저는 학교 갈 때 캐주얼하게 옷을 입어요. I dress casually when I go to school.
 • 회사 갈 때도 캐주얼하게 옷을 입고 싶어요. I want to dress casually when I go to work.

하루 5분 영어표현 되새기기

Speak out!   5번 소리내어 따라하기 ☐ ☐ ☐ ☐ ☐

» Why are you / all dressed up?
왜 너는 ~이니 / 옷을 쫙 빼 입은?

요런 상황에서 쓰여요!

A Wow! Do you have something special to do today?
   와! 니 오늘 뭐 특별히 할 거라도 있나?

B Huh? What made you think like that?
   어? 뭐땜에 그래 생각하는데?

A Look at you! **Why are you all dressed up?** You always dress casually. 어디 보자. 니 왜 옷 쫙 빼입었는데? 니 항상 편하게 옷 입잖아.

B Haha. I'm going to my sister's wedding. How do I look? 하하하. 여동생 결혼식 가는 중이야. 나 어떤데?

대건이의 야무진 TIP!

옷을 쫙 빼 입었다는 말을 영어로는 be dressed up이라고 표현한답니다. 고것만 잘 챙기시면 오늘의 문장은 그리 어렵지 않습니다다용~ be동사를 의문문으로 만들 때는 주어랑 동사 위치만 살짝 바꿔주시면 돼요. 덩어리 확인할게요! 왜 너는 (뒤에 형용사)이니? Why are you~? 어떤 상태요? 옷을 쫙 빼 입은! (all) dressed up 합쳐보면요. Why are you all dressed up? 와, 잘 하셨습니다! all은 빼주셔도 무방합니다. 입에 착 붙을 때까지 5번 이상 내뱉어주세요!

›› 어떻게 나에 대해 고자질할 수 있어요?

"좋은 아침입니다, 과장님!" 출근하자마자 웃는 얼굴로 즐겁게 인사를 하고 자리에 앉으려는데 과장님 표정이 영 언짢아 보이시네요. '오늘 기분이 별로이신가?' 뭔가 찜찜하긴 했지만 영문을 모르니 그냥 앉아서 업무를 봤죠. 그런데 갑자기 입사동기 태호 씨가 커피 한잔 하자고 저를 부르네요. "대건 씨, 김 과장님 지금 당신 때문에 완전 뿔나있어. 어제 퇴근하고 우리끼리 술 한 잔 하는데 대건 씨가 김 과장님 뒷담화했던 걸 인사팀 선우 씨가 과장님한테 다 일렀대." 맙소사! 그래서 과장님 표정이 그리 어두우셨던 거군요. 믿는 도끼에 발등 찍힌다더니 정말 세상에 믿을 사람 하나 없어요. 여러분도 이런 경험 있으시죠? 우리만의 비밀로 고이 간직하기로 한 뒷담화를 누군가가 고자질해서 난처했던 경험! 이런 경우 "어떻게 나에 대해 고자질할 수 있어?"라고 따질 때 영어로는 과연 어떻게 표현할까요? '고자질'을 영어로? 오늘의 문장 강의에서 확인해보자고요!

하루 10분 강의 듣고 감 잡기

›› How could you tell on me?
[하우 크쥬 텔언 미?]

'누군가에게 누구를 고자질하다'라고 얘기하려면 'tell 누군가 on 누구'의 어순으로 활용해주시면 됩니다. 이해하기 쉽게 예문으로 보시죠.
- Daegun told our teacher on me.   대건이가 우리 쌤한테 날 고자질했어.
- I had to tell mom on my brother.   난 엄마한테 동생에 대해서 고자질해야만 했어요.

하루 5분 | 영어표현 되새기기

Speak out! 5번 소리내어 따라하기 ☐ ☐ ☐ ☐ ☐

›› How could you / tell on me?
너 어떻게 ~할 수 있어 / 나를 고자질하는 거?

요런 상황에서 쓰여요!

A **Don't you feel guilty for something?**
뭔가 죄책감 느끼지 않니?

B **Wha... what are you talking about?**
무… 무슨 말 하는 건데?

A **Hey, how could you tell on me? Jenny told me everything!**
야, 너 어떻게 날 고자질할 수 있노? 제니가 나한테 다 말했어!

B **I'm so sorry. I couldn't help it.**
진짜 미안하다. 어쩔 수가 없었어.

대건이의 야무진 TIP!

여러분, 동사 tell은 '이야기하다'라는 뜻을 가지고 있지요? 근데 상상해보세요. 다른 사람에게 이야기를 하는데, 나에 대해서(on me) 이야기를 하고 있는 거예요. 어감 자체가 뭔가 부정적이지 않나요? 그래서 'tell on 사람'이라고 하면 '그 사람을 고자질하다'는 의미가 된답니다. 덩어리 정리해볼게요. 조동사 could는 '~할 수 있다'라는 뜻이 있다는 것 떠올리시고요. 너 어떻게 (동사)할 수 있어? How could you~? 어떤 걸? 나를 고자질하는 것 tell on me 자, 이제 합쳐봅시다. How could you tell on me?(어떻게 나에 대해 고자질할 수 있어?) 잘 하셨습니다. 5번 더 소리내어 말해보세요!

저 입맛 버리고 싶지 않아요

Day 16

아침을 안 먹었더니 뱃속에서 난리가 났네요. 배가 너무 고파서 먹을 게 없나 주위를 둘러보니 때마침 옆자리에 앉아있는 입사동기 태호 씨가 달달한 초콜릿을 오물오물 까먹고 있는 모습을 발견했습니다. 아니나 다를까, 그 순간에 딱! 저와 눈이 마주친 태호 씨, 혼자 먹다 들켜서 민망했는지 "배고프지? 초콜릿 하나 먹고 당 충전해!"라며 자연스럽게 초콜릿 하나를 건네주는군요. 사실 하나만 더 달라고 하고 싶을 정도로 배가 고팠지만 그러지 않으려고요. 왜냐고요? 점심 먹기 전에 입맛 버리고 싶지 않거든요. 식사 전에 단 거 먹으면 입맛이 떨어지더라고요. 여러분도 저와 같으신가요? "저 입맛 버리고 싶지 않아요." 영어로는 어떻게 표현할 수 있을까요? '입맛'은 영어로 appetite인데 '버리다'는 영어로? 반드시! 머릿속으로 먼저 만들어보시고요. 오늘의 문장 바로 강의에서 확인해볼게요.

하루 10분 강의 듣고 감 잡기

미니 강의

» I don't want to spoil my appetite. [아 돈 원투 스뽀일 마이 앱피타잍]

want to는 구어체로 활용 시 wanna로 표기될 수 있고 발음은 [워나]로 한다는 거 명심해주세요. 입맛에 관한 다른 예문을 볼까요?
- 며칠 동안 입맛이 영 없어요. I haven't had an appetite for days.
- 며칠째 식욕을 잃었어요. I've lost my appetite for days.

45

| 하루 5분 | 영어표현 되새기기 |

Speak out!　　　　　　　　　　5번 소리내어 따라하기 ☐ ☐ ☐ ☐ ☐

❯❯ I don't want to spoil / my appetite.
저 ~하고 싶지 않아요 망치는 것 / 내 입맛을.

요런 상황에서 쓰여요!

A　Daegun, do you want some chocolate?
　　대건 씨, 초콜릿 좀 먹을래요?

B　I do! Oh, wait… I'll just pass.
　　네! 아, 잠시만요… 그냥 안 먹을래요.

A　Why? Are you on a diet or something?
　　왜요? 다이어트나 뭐 그런 거 하는 중이에요?

B　Nah. I just **don't want to spoil my appetite** before lunch. 아뇨. 그냥 점심 먹기 전에 입맛 버리고 싶지 않아서요.

대건이의 야무진 TIP!

'스포일러'라는 단어, 일상에서 빈번히 쓰이는 단어 중 하나죠? 오늘 배운 문장에 들어있는 단어 spoil에서 왔다는 게 눈에 확 들어오지 않나요? spoil은 무언가를 '망치다'라는 뉘앙스를 가지고 있어요. 즉, 우리에게 미리 그 내용을 알려줘서 보는 재미를 확~ 망치는 거, 고게 바로 '스포일러'란 것이죠. 자, spoil이라는 단어, 오늘 확실히 기억하셨죠? '입맛, 식욕'은 영어로 appetite이고요. 덩어리 갑니다! 저는 ~하고 싶지 않아요 I don't want to~ 뭐하는 것을요? 망치는(spoil) 것을요. 뭘 망치는 거죠? 내 입맛을 my appetite 자, 이번엔 하나로 합쳐볼까요? I don't want to spoil my appetite.

》 낮말은 새가 듣고 밤말은 쥐가 듣는다

Day 17

얄미운 친구, 나만 못살게 구는 상사 등 살다보면 우리의 뒷담화를 부르는 인물들 때문에 어디 가서 하소연이라도 하고 싶어 입이 간질거릴 때가 있지요. 하지만 속상한 마음에 함부로 속내를 털어놓았다가는 감당 못할 재앙(?)이 기다리고 있을지도 모릅니다. 믿고 말했던 어제의 친구나 동료가 인간도청기로 변신할 수도 있고 내가 하는 말을 누가 어디에서 듣고 있을지 알 수 없잖아요. 또 내가 무심코 내뱉은 말이 누군가에게 상처를 줄 수도 있으니 남의 뒷담화는 웬만하면 자제하고 '자나 깨나 입조심'을 해야겠어요. 그런 의미로 오늘은 우리 속담 '낮말은 새가 듣고 밤말은 쥐가 듣는다'에 해당하는 영어표현을 배워볼까 합니다. 새니까 bird가 들어가려나? 반드시 스스로 한번 만들어보시고요. 오늘의 문장 바로 확인해보자고요!

하루 10분 강의 듣고 감 잡기

미니 강의

》 **Walls have ears.**
[월스 햅 이얼스]

어디에도 bird라는 단어는 없어서 놀라셨나요? 오늘의 문장은 관용적인 표현이거든요. 이처럼 말과 관련된 관용 표현은 또 어떤 것이 있는지 알아볼까요?
- 화살은 쏘고 주워도, 말은 하고 못 줍는다. A word (once) spoken is past recalling.
- 혀는 뼈가 없지만, 뼈는 부술 수 있다. The tongue is boneless but it break bones.

하루 5분 | 영어표현 되새기기

Speak out! 5번 소리내어 따라하기 ☐ ☐ ☐ ☐ ☐

>> Walls have / ears.
벽은 가지고 있어요 / 귀를.

요런 상황에서 쓰여요!

A Why are you wincing, Daegun? 왜 그렇게 울상이에요, 대건 씨?

B Ugh, Mr. Kim asked me to get his work done again.
아 글쎄, 김 과장님이 과장님 일 좀 봐 달라고 또 부탁하셔서요.

A What? how is that possible? 네? 어떻게 그게 가능해요?

B I don't know. He says that he has to work outside all day long. He sucks!
모르겠어요. 과장님은 종일 외근하셔야 된대요. 완전 재수 없어요!

A I feel for you but be careful. **Walls have ears.**
심정 이해가 가네요. 그래도 조심해요. 낮말은 새가 듣고 밤말은 쥐가 듣는다잖아요.

대건이의 야무진 TIP!

오늘의 표현 Walls have ears.를 직역하면 '벽은 귀를 가지고 있다'인데요. 쉽게 말해서 '어디에든 귀가 있으니 말조심하라'는 뜻이 되겠죠? 자, 덩어리로 한 번 볼게요. 벽은 가지고 있어요. Walls have~ 뭐를요? 귀를요. ears 합쳐 말하면? Walls have ears! 우리 모두 말조심하자고요! 아무리 쉬운 문장도 머리로만 이해하는 것과 입으로 내뱉는 건 별개라고 생각합니다. 오늘 문장 꼭 5번 이상 더 내뱉어보세요! 좀 이따 말고요. 지금 당장이요~! Right now!

신용카드로 결제할게요

Day 18

부서식구들과 함께 회사근처 아웃백에 들렀습니다. 누가 쏘는 거냐고요? 이건 우리 부서만의 방법인데요. 여러분들께도 살포시 알려드릴게요! 우선 다 먹은 후에 계산대에 가서 각자의 명함을 직원 분 앞에다가 쫙 갈아둡니다. 그런 다음에 이렇게 말하는 거죠. "마음에 드는 명함 골라주세요!" 그 다음은 말 안 해도 아시겠죠? 명함 뽑히는 사람이 쏘는 거예요. 그런데 이게 웬일입니까. 계산하시는 분이 제 명함을 떡하니 집으시네요. 오늘은 할 수 없이 제가 쏴야겠군요. "총 9만 7천 원 나왔습니다. 어떻게 결제하시겠습니까?" 네 명이서 많이도 먹었군요. "신용카드로 결제할게요." 속은 쓰리지만 부서분들과 즐거운 시간 보내서 후회 없어요.
자! 오늘의 문장도 영어로 야무지게 얻어 가셔야죠. "신용카드로 결제할게요." 영어로는 어떻게 표현할까요? 머릿속으로 꼭! 먼저 만들어보신 후에 오늘의 문장 강의에서 확인해보자고요.

하루 10분 강의 듣고 감 잡기

I'll pay with my credit card.
[알 페이 윗 마이 크뤠딧 칼-드]

신용카드가 아니라 체크카드로 결제하실 거라고요? I'll pay with my check card. 요렇게 말이죠? 맞는 표현 같지만 땡~! 이에요. 체크카드는 영어로 debit card[데빗카드]라고 표현한답니다. 체크카드로 결제할 거라고 말할 땐, I'll pay with my debit card.라고 말해요!

| 하루 5분 | 영어표현 되새기기 |

Speak out! 5번 소리내어 따라하기 ☐ ☐ ☐ ☐ ☐

›› I'll pay / with my credit card.
제가 결제할게요 / 제 신용카드와 함께.

요런 상황에서 쓰여요!

A Your total comes to 102,000 won.
총 10만 2천 원 나왔습니다.

B Does that include the tax?
세금도 포함된 가격인가요?

A Yes, ma'am. How would you like to pay?
네, 고객님. 어떻게 결제하시겠습니까?

B Let's see... **I'll pay with my credit card.** Here it is.
어디보자… 신용카드로 결제할게요. 여기 있습니다.

대건이의 야무진 TIP!

'결제하다'의 뜻을 가진 동사로는 pay가 있답니다. 오늘은 요것만 제대로 떠올리셨다면 Game set! 아직 결제를 하지 않으신 상태이고 이제 결제를 '할 예정'이기 때문에 조동사 will이 필요하겠죠? 그리고 신용카드를 '가지고' 결제를 하실 거니깐 전치사 with도 야무지게 써보자고요. 이제 덩어리 정리 해볼까요? 저는 결제할 거예요. I'll pay~ 어떻게요? 신용카드로 with my credit card 합치면요? I'll pay with my credit card.(신용카드로 결제할게요.) 와우, 완벽해요~!

지금 닭살 돋고 있어

Day 19

'나가수'에 출연한 뒤로 요즘 대세인 가수 김범수 씨 콘서트에 가기로 했답니다. 예매 시작 30분 전부터 컴퓨터 앞에 죽치고 앉아 있던 덕분에 꽤나 괜찮은 자리를 구할 수 있었어요. 친구랑 같이 긴~ 줄을 기다린 끝에 제 자리까지 입성! 드디어 범수 씨가 무대 위에 등장했습니다! 가만히 서 있어도 포스가 풍기는 게, 역시 스타는 다르네요. 첫 곡으로 '끝사랑'을 불렀는데, 오디오로만 듣던 노래를 라이브로 들으니 소름이 쫙~ 돋는 거예요. 친구를 툭툭 치면서 이렇게 말했죠. "나 지금 닭살 돋고 있어." 친구 녀석 역시 닭살 돋은 자기 팔을 보여주네요. 징그럽게시리!

오늘의 문장은 "저 지금 닭살 돋고 있어요."입니다. 뭔가 멋진 것을 보거나 무서운 얘기를 들었을 때 닭살이 쫙 돋잖아요. 요런 상황 영어로는 어떻게 표현할 수 있을까요? '닭살'을 영어로? chicken flesh? 자, 머릿속으로 먼저 만들어보셨죠? 다 되신 분들은 저와 함께 Let's go!

하루 10분 강의 듣고 감 잡기

미니 강의

»» I'm getting goose bumps.
[암 게링- 구스 범ㅍ스]

미국식 영어 발음은 모음과 모음사이에 t를 [ㄹ]로 발음한다는 거 앞에서도 배웠는데 기억하시나요? '게팅'이 아니라 [게링]으로 발음한다는 거 꼭 기억해주세요. 시제를 살짝 바꿔 "나 닭살 돋았어."라고 할 때는 동사를 과거형으로 바꿔 I got goose bumps. 요렇게 말씀하시면 됩니다.

하루 5분 | 영어표현 되새기기

Speak out! 5번 소리내어 따라하기 ☐ ☐ ☐ ☐ ☐

» I'm getting / goose bumps.
저는 돋고 있어요 / 닭살이.

요런 상황에서 쓰여요!

A   It was the best choice to go to Kimbumsoo's concert yesterday. 어제 김범수 콘서트 갔던 거 최고의 선택이었어.

B   Tell me about it! Every time I listen to his song, I get goose bumps. 내 말이! 그 사람 노래 들을 때마다 난 닭살이 돋더라.

A   Hey, watch this clip. It's Kimbumsoo singing 'My Last Love' live! 야, 이 영상 봐봐. 김범수 '끝사랑' 라이브 영상이야.

B   Wow, **I'm getting goose bumps** now. He's just perfect.
와, 나 지금 닭살 돋는다. 그냥 완벽하네.

대건이의 야무진 TIP!

춥거나 무서울 때 또는 흥분 상태일 때 '닭살이 돋는다'고 표현하지요? 그러나 영어에선 이런 상태를 닭 대신 거위의 피부에 비교해 goose bump라고 표현합니다. '닭살이 돋다' 혹은 '소름이 돋다'라고 할 때는 동사 get이 찰떡궁합이에요. 즉, get goose bumps라고 하면 '닭살이 돋다'라는 하나의 표현이 되는 것이죠. 오늘의 문장에서는 지금 닭살이 돋고 있는 상황을 강조하고 있잖아요. 그래서 '현재진행형'을 활용했습니다. 곧바로 덩어리 정리해볼게요! 저는 돋고 있어요. I'm getting~ 뭐가요? 닭살이요. goose bumps 합쳐볼까요? I'm getting goose bumps.(저 지금 닭살 돋고 있어요.) 설명이 너무 쉬워서 지금 닭살 돋으신다고요?^^

›› 의자 좀 앞으로 당겨주실래요?

Day 20

오늘은 제가 인천공항을 밟은 역사적인 날입니다. 평생 살면서 타본 비행기라고는 제주도행이 전부였는데 해외로 진출하다니 감격! 덕분에 여권도 만들어보고 경상도 촌놈이 출세했닌데이~! 출국수속을 받고 설레는 마음으로 비행기에 올라탔죠. 여행 가방을 짐칸에 올리고 자리에 앉아 안내방송도 성실하게 따라했습니다. 드디어 이륙~! 이 역사적인 순간을 혼자만 보기는 아쉬워 페이스북에 올릴 사진을 찍으려는데 '어라?' 갑자기 앞자리에 앉은 아주머니가 의자를 뒤로 쭈~욱 젖히시는 거예요. 이대로 계속 갔다가는 숨통이 조여 압사할 것 같아 그분께 정중히 부탁드렸죠. "저기, 죄송한데 의자 좀 앞으로 당겨주실래요?" 기차나 고속버스, 비행기를 타보신 분이라면 한번쯤은 겪어보셨을 거예요. 여러분 앞에 앉은 분이 의자를 뒤로 쭉 젖히고 주무시는 난감한 상황… 이럴 때 정중히 의자 좀 앞으로 당겨 주십사 요청하는 말, 영어로 어떻게 표현할 수 있을까요?

하루 10분 강의 듣고 감 잡기

미니 강의

›› Could you pull your seat forward a bit, please?
[크쥬 푸-울 유얼씨-잇ㅌ f포월더빗, 플리이즈?]

일단 Could you(~해주실래요?)는 '쿠드 유'가 아니라 [크쥬]라고 발음해주셔야 합니다. 그리고 명사 seat을 동사 sit과 비슷하게 발음하는 분들이 종종 계신데요. '좌석'을 뜻하는 seat은 입술을 좌우로 벌리면서 모음을 좀 길게 빼주셔야 합니다. [씨-잇ㅌ] 요렇게요~

하루 5분 | 영어표현 되새기기

Speak out!   5번 소리내어 따라하기 ☐ ☐ ☐ ☐ ☐

❯❯ Could you pull your seat / forward a bit, please?

자리 좀 당겨주실래요 / 앞으로 조금요?

요런 상황에서 쓰여요!

A   Uh... excuse me, ma'am. 어… 실례합니다, 부인.

B   Yes? 네?

A   **Could you pull your seat forward a bit, please?**
    자리 좀 앞으로 당겨주실 수 있으신가요?

B   Oh, sure. I'm sorry. 아, 물론이죠. 죄송해요.

대건이의 야무진 TIP!

모르는 사람에게 뭔가를 부탁하는 거니까 최대한 공손하게 말씀하셔야겠죠? 상대방에게 뭔가를 정중히 부탁할 때는 Could you ~, please?[크쥬 플리이즈]라고 하면 됩니다. 자리를 앞으로 '당겨달라'는 거니까 동사는 pull(당기다)이 와야 하고요. '미는' 건 push, '당기는' 건 pull 헷갈리지 마세용~ 이제 '당신의 좌석을/앞으로/약간만'이 남았네요. '좌석'은 영어로 seat, 그럼 '당신의 좌석'은? 그렇죠, your seat! '앞으로'는 forward, '약간'은 a (little) bit이고요. 좀 길긴 해도 특별히 어려운 단어는 없죠? 이제 덩어리로 가보실까요? (당신) 자리 좀 당겨 주실래요? Could you pull your seat~ 어디로요? 앞으로 조금만요, forward a bit 부탁하는 거니까 please만 아물딱지게 딱 붙여주시면 완성! Could you pull your seat forward a bit, please?^^

SELF TEST
지금까지 배운 표현들, 한 번 말해 볼까요?

☞ 정답은 다음 페이지에

저 지금 차멀미해요.

당신 헛다리 짚고 계신 거예요.

저 이번에는 실수하고 싶지 않아요.

너 왜 옷 쫙 빼입었어?

어떻게 나에 대해 고자질할 수 있어요?

저 입맛 버리고 싶지 않아요.

낮말은 새가 듣고 밤말은 쥐가 듣는다.

신용카드로 결제할게요.

지금 닭살 돋고 있어.

의자 좀 앞으로 당겨주실래요?

I'm feeling carsick.

You're barking up the wrong tree.

I don't want to drop the ball this time.

Why are you all dressed up?

How could you tell on me?

I don't want to spoil my appetite.

Walls have ears.

I'll pay with my credit card.

I'm getting goose bumps.

Could you pull your seat forward a bit, please?

>> 가위바위보로 정하자

Day 21

크리스마스 선물로 가정용 비디오 게임기를 한 대 샀습니다. 집에 와서 10분 만에 뚝~딱 게임기를 세팅하고 레이싱, 수영, 격투기 등의 게임을 신나게 즐기고 있는데, "딩동"하는 벨소리와 함께 여친이 놀러왔어요. 처음에는 옆에 앉아 구경만 하던 여친이 갑자기 자기도 한번 해보겠대요. 내키진 않았지만 잠깐이면 되겠다 싶어 빌려줬더니 저보다 더 정신없이 게임에 빠져들더군요. 한참 지켜보다 비켜달랬더니 단호히 거절하는 여친! 그래서 전 세상에서 가장 공평한 제안을 했어요. 바로 가위바위보! "우리 가위바위보로 정하자. 그럼 공평하지?" 피 튀기는 가위바위보의 결과! 지금 두 시간째 여자친구가 게임 중입니다. 저는 뭐하고 있냐고요? 뭐하긴요, 다음 가위바위보 할 때만 기다리고 있죠. 아, 행복한 크리스마스 저녁입니다. ㅜㅜ

이렇게 우리가 어떤 차례나 승부를 정할 때 "가위바위보로 정하자."는 말을 하곤 하는데요, 이 말은 영어로 어떻게 표현할 수 있을까요?

하루 10분 | 강의 듣고 감 잡기

미니 강의

>> **Let's decide by rock-paper-scissors.** [렛츠 드싸이드 바이 락 페이펄 씨절스]

rock은 '락'이 아니라 입술을 가운데로 모았다 펴주면서 [롹]이라고 해주세요. scissors도 가운데 ss가 [ʒ] 발음으로 [씨절스]라고 진동을 주셔야 해요. 풀무원 녹즙 아줌마에게 "아즘마 즙 좀 주세요"라고 말할 때의 바로 그 느낌을 기억해주세요.

하루 5분 영어표현 되새기기

Speak out!   5번 소리내어 따라하기 ☐ ☐ ☐ ☐ ☐

›› **Let's decide / by rock-paper-scissors.** 결정합시다 / 가위바위보를 통해.

요런 상황에서 쓰여요!

A Alright, time to bungee-jump. Who goes first?
자, 번지 뛸 시간입니다. 누가 먼저 하실 건가요?

B Hey, you go first.
야, 니가 먼저 해.

C No, you go first! Doing this was your idea!
싫어, 니가 먼저 해! 이거 하는 거 니 아이디어였잖아!

A Guys, stop! **Let's decide by rock-paper-scissors.**
여러분, 그만! 가위바위보로 정합시다.

대건이의 야무진 TIP!

'~하자'고 제안할 때는 Let's라는 표현을 쓸 수 있어요. 여기에 '정하다, 결정하다'는 뜻의 동사 decide를 붙이면 Let's decide 즉, '결정하자'는 제안이 되는 거죠. 그리고 '가위바위보'는 영어로 rock-paper-scissors입니다. 우리가 손 모양에 따라 '가위, 바위, 보'라고 이름 붙인 것처럼 '바위'를 rock, '보'를 paper, '가위'를 scissors라고 하지요. 여기서 rock은 바위가 아니라 '주먹'을 나타냅니다. 우리는 '가위바위보' 순인데 영어에서는 바위(rock)-보(paper)-가위(scissors)의 순서인 것이 재미있죠? 가위바위보를 써서 정하는 것이니 앞에 방법·수단의 전치사 by가 붙는다는 것도 함께 기억해주세요. 이밖에 승부나 차례를 정하는 방법으로는 '동전 던지기(toss coins)'나 '제비뽑기(draw straws)' 등이 있다는 것도 야무지게 챙겨주시고요~

난 잠귀가 밝아

Day 22

부서식구들끼리 워크샵을 다녀왔습니다. 2박 3일 동안 잠을 제대로 못자서 그런지 다크서클이 턱까지 내려왔다니까요. 저는 잠을 깊게 못 자는 편이거든요. 특히 어디 놀러가거나 잠자리가 바뀌면 백프로 밤마다 뒤척여요. 게다가 차 대리님의 이가는 소리, 김 과장님의 코고는 소리가 번갈아 들려서 도무지 잠을 잘 수가 없더라고요. 지금 제 상태는 걸어 다니는 '좀비'라고 해야 할까요? 머리만 갖다 대면 자는 사람이 세상에서 제일 부러워요~ 여러분도 저처럼 잠귀가 밝은 편이신가요? 저는 잠귀가 되게 밝아요. 특히나 군대에 있을 때 꽤 고생했던 기억이 나네요. "저는 잠을 깊게 못 자는 편이에요." 영어로는 어떻게 표현할까요? '잠'이라는 말이 들어가니까 sleep은 들어가겠죠? 반드시 머릿속으로 먼저 생각해보시고요! 오늘의 문장 아래에서 확인해볼게요.

하루 10분 강의 듣고 감 잡기

미니 강의

I'm a light sleeper.
[암 어 라잇 슬리퍼]

잠귀가 밝은 사람을 영어로 a light sleeper라고 한다고 했죠? 그렇다면 잠귀가 어두운 사람! 즉, 한번 잠들면 세상물정 모르고 쿨쿨 자는 사람은 영어로 어떻게 표현할까요? light의 반대는 뭐죠? heavy! a heavy sleeper라고 하면 됩니다. 예문으로 공부해볼까요?

A Donggu is sleeping now. 동구 자고 있는 갑네.
B Yeah and we don't have to be quiet. He's a heavy sleeper.
　 어, 근데 우리 소리 죽일 필요 없어. 저 녀석 잠귀 완전 어두워.

하루 5분 | 영어표현 되새기기

Speak out!   5번 소리내어 따라하기 ☐ ☐ ☐ ☐ ☐

≫ I'm / a light sleeper.
저는 ~입니다 / 잠귀가 밝은 사람.

요런 상황에서 쓰여요!

A   You look pretty tired today. What's up?
    니 오늘 꽤 피곤해 보이네. 뭔 일이고?

B   Ugh. Do you remember I bought a puppy?
    아… 내가 강아지 한 마리 샀던 거 기억하재?

A   Of course! And? 당근이지! 그리고?

B   He kept making noise last night. You know
    I'm a light sleeper. I couldn't sleep at all.
    어젯밤에 계~속 깽깽 거리더라고. 나 잠귀 밝은 거 알잖아. 아예 잠을 못잤다.

대건이의 야무진 TIP!

잠을 자는데 깊게 잠들지 못하고 light하게 잔다, 무슨 뜻일까요? 말 그대로 잠을 '가볍게' 자는 사람이라는 뜻이 된답니다. 잠을 가볍게 잔다는 말은 더 쉽게 말하면 잠귀가 밝아서 깊게 잘 못 잔다는 뜻이지요. I'm a light sleeper. 쉽게 이해 가시죠? ^^ light도 요렇게 다방면에 쓰일 수 있다고요!

》 우리 그냥 지름길로 가요

Day 23

아침에 회사에서 중요한 회의가 있어서 같은 동네에 사는 태호 씨의 차를 얻어타고 가기로 했어요. 편하게 갈 수 있다는 생각에 마음이 가벼워진 저는 태호 씨의 차에 타자마자 회의 자료들을 꼼꼼히 살펴보고 있었죠. 그런데 웬 차가 이리 꼼짝도 안 한대요? 이대로 갔다간 보기 좋게 지각할 것 같네요. 안 되겠어요. 무슨 수를 써야지 이거 원! "태호 씨, 저쪽 골목으로 들어가요. 제가 지름길 알거든요. 우리 그리로 가요." 다행히도 30분이나 빠르게 회사에 도착할 수 있었습니다. 바로 이게 지름길의 묘미죠.

여러분, 오늘의 문장에서 키워드는 '지름길'입니다. "우리 그냥 지름길로 가요." 영어로는 어떻게 표현할 수 있을까요? 쉬운 길이니까 easy road? 자, 틀려도 좋으니까 꼭!!! 머릿속으로 먼저 만들어보시고 오늘의 문장 바로 아래에서 확인해볼게요!

하루 10분 강의 듣고 감 잡기

》 Let's just take a shortcut.
[레쓰 저스트 테이커 쇼웃컷]

차가 막힐 때 지름길로 가는 길도 있지만, 그 지름길도 수월치 않다면 돌아서 가는 게 더 빠를 때가 있지요. "우회도로를 타자."라고 말할 경우 동사 take를 활용하셔서 Let's take a detour. 요렇게 말씀하시면 된답니다!

하루 5분 영어표현 되새기기

Speak out! 5번 소리내어 따라하기 ☐ ☐ ☐ ☐ ☐

» Let's just take / a shortcut.
그냥 가자 / 지름길로.

요런 상황에서 쓰여요!

A   Don't you think we're late for the meeting?
우리 회의에 늦은 거 같지 않아요?

B   Definitely. We were supposed to be in the office 15 minutes ago!
완전요. 15분 전에는 사무실에 있었어야 하는데 말이죠.

A   Ugh. **Let's just take a shortcut** then we can make it a little bit faster.
아이고. 그냥 지름길로 가죠. 그럼 조금 더 빨리 갈 수 있을 거예요.

대건이의 야무진 TIP!

여러분! 지름길은 영어로 shortcut이라고 합니다. 지름길 자체가 목적지까지의 여정을 짧게 만들어주는 길이잖아요. 그래서 지름길은 shortcut! '지름길로 가다'라고 표현할 땐 동사 take를 써주세요. '어떤 길 등을 택하다'라고 하실 때는 take가 잘 어울린답니다! 이제 감 잡으셨죠? 그럼 덩어리 정리해볼까요? 우리 그냥 택하자. Let's just take~ 뭐를요? 지름길을 a shortcut 합치면요? Let's just take a shortcut. 잘하셨습니다! 이제 이해 가시죠?

이거 입 안에서 살살 녹네요

Day 24

옆 부서에 근무하는 경희 씨한테 퀵서비스가 도착했어요. 남자친구분이 깜짝 선물로 보냈나봐요. 경희 씨가 빵을 원채 좋아해서 부서 내에서도 '빵순이'라고 불리는데 아니나 다를까 빵을 한가득 보냈네요. "대건 씨, 출출하시죠? 와서 좀 드세요." 점심 먹은 지 세 시간째, 딱 배고플 타이밍이거든요. 냉큼 경희 씨 옆으로 가서 에그 타르트를 집어 들고 한입 베어 물었죠. 헐! 이거 대박인데요! 입 안에서 살살 녹는 게 진짜 맛있어요. 평소에는 느끼해서 하나 밖에 못 먹는데, 눈치 보이게 세 개나 먹었어요. 제가 먹어본 타르트 중에 단연 최고였습니다.
여러분, 우리도 일상생활에서 정말 많이 쓰는 말이죠? 뭔가를 드실 때 입 안에서 살살 녹는 그 느낌! 영어로는 어떻게 표현할까요? 살살 녹는다? 자, 10초 동안 꼭 머릿속으로 한번 만들어보시고요. 오늘의 문장 바로 아래에서 확인해보자고요!

하루 10분 강의 듣고 감 잡기

미니 강의

This melts in my mouth.
[디쓰 멜츠 인 마이 마우th-]

여러분, mouth 발음을 아직도 '마우스' 요렇게 하시는 분들 많으시죠? 아니아니아니되옵니다! -th는 흔히 우리가 말하는 번데기 발음인데요. 딱 노홍철 씨가 '숫사슴' 발음하실 때 그 느낌으로 하시면 됩니다. 혀를 메롱 하듯이 최대한 쭉 내미신 후에 바람을 최대한 밖으로 내뱉어보세요. [마우th-] 요 느낌이에요!

하루 5분 | 영어표현 되새기기

Speak out! 5번 소리내어 따라하기 ☐ ☐ ☐ ☐ ☐

≫ This melts / in my mouth.
이거 녹네요 / 제 입 안에서.

요런 상황에서 쓰여요!

A **Are you eating Cheese cake?**
너 지금 치즈케이크 먹고 있는 거야?

B **Yup. My boyfriend bought this for me. Hey, You gotta try this.** 응. 내 남자친구가 사왔어. 야, 너도 이거 한번 먹어봐.

A **I don't have that much of a sweet tooth, I'll just have a bite.**
난 단 거 그다지 안 좋아하는데, 그냥 한입만 먹어볼게.

B **So good, isn't it?** 진짜 맛있지, 그지?

A **Are you kidding me? Wow, this melts in my mouth.**
장난치니? 우와, 이거 진짜 입 안에서 녹네.

대건이의 야무진 TIP!

동사 melt는 '녹다'라는 뜻을 가지고 있답니다. 얼음 같은 것이 녹을 때도 사용할 수 있는 표현이죠. 앞에 주어가 3인칭 단수라서 동사 melt에 -s가 붙어 melts가 됐다는 것도 명심하시고요. 자, 덩어리 정리해봅시다. 이거 녹네요. This melts~ 어디에서요? 제 입안에서 in my mouth 합쳐보면요? This melts in my mouth. 잘 하셨습니다! 하나 더! "이 빵이 입 안에서 살살 녹는다."라고 말할 때는 어떻게 하면 될까요? This bread melts in my mouth.라고 해주시면 됩니다용~

역시 집이 최고예요!

Day 25

간발의 차로 지하철을 놓친 덕분에 아침부터 부장님께 혼쭐이 났네요. 오늘 하루, 시작부터 꼬인 게 문제였을까요? 평소에 멀쩡하게 잘 돌아가던 USB 선풍기도 사망하고, 절반 이상 작성해두었던 보고서도 실수로 다 날려버렸네요. 으아! 정말 짜증나서 일이고 뭐고 빨리 집에 가고 싶었습니다. 이렇게 힘겨운 하루를 보내고, 축 처진 어깨로 퇴근길 만원 버스에 올랐죠. 오징어처럼 눌려서 한 시간 가량을 달리니, 어느새 집 근처에 도착했네요. 집 앞 10미터 전부터 솔솔 풍겨오는 엄마의 된장찌개 냄새. 전쟁, 같은 하루를 보낸 저에게 엄마의 음식 냄새조차 힘이 되네요. 누가 뭐래도 '역시 집이 최고예요!' 얼른 밥 먹고 엄마 어깨라도 주물러 드려야겠어요. 여러분, 돌아갈 집이 있다는 건 정말 감사하고 또 행복한 일인 것 같아요. 오늘의 문장은 "역시 집이 최고예요!"입니다. 우선 머릿속으로 한번 만들어 보세요. 자! 확인해볼까요?

하루 10분 강의 듣고 감 잡기

There's no place like home.
[데얼스 너우 플레이쓰 라익홈]

like가 전치사로 쓰일 수 있다는 점 다시 한 번 명심해주세요, 여러분~ 그럼 예문으로 이해해보자고요!
- I want to be a gentleman like my dad. 저는 우리 아빠같은 젠틀맨이 되고 싶어요.
- Set up your table like my table. 제 상처럼 상 차리세요.

하루 5분 영어표현 되새기기

Speak out!　　　　　　　　　　　5번 소리내어 따라하기 ☐ ☐ ☐ ☐ ☐

» There's no place / like home.
장소는 없어요 / 집과 같은.

요런 상황에서 쓰여요!

A　Honey, I'm home.
　　여보, 나 왔어.

B　Hey, you look pretty exhausted.
　　어이고, 자기 많이 지쳐 보이네.

A　I've had a long day. No wonder **there's no place like home.** I feel so relieved now.
　　정말 힘든 하루를 보냈어. 정말 집이 최고인 거 같아. 이제야 마음이 놓이네.

대건이의 야무진 TIP!

오늘의 핵심 구조는 'There is+명사'입니다. 해석은 '(명사)가 있다'로 해주시면 되는데요. 명사 자리에 no place가 쓰였죠? 그래서 There is no place.라고 하면 '장소가 없다'고 해석할 수 있겠네요. 그 다음 중요한 부분은 like인데요. 요놈이 동사로 쓰이게 되면 '~를 좋아하다'라는 뜻이지요? 하지만 요놈이 오늘의 문장에서처럼 전치사로 쓰이게 되면 '~처럼'이라는 뜻이 된답니다. 그래서 like home은 '집을 좋아한다'가 아니라 '집과 같은'이라고 해석되는 거죠. 요 두 덩어리를 합치면? There's no place like home.(집과 같은 곳은 없다) 다시 말해서, '역시 집이 최고다!'라는 뜻. 이제 이해 가시죠?

그 식당 배달하는지 아세요?

Day 26

마감이 코앞이라 사무실이 엄청 분주합니다. 저녁 먹을 때가 되었는데도 다들 아무런 미동도 없이 컴퓨터 화면과 씨름중이네요. 아무래도 오늘 저녁은 뭐라도 시켜먹어야 할 것 같은 분위기입니다. 간단하게 회사근처 분식집에서 떡볶이와 튀김을 먹기로 했어요. 그런데 그 분식집이 배달을 했었는지 기억이 가물가물한 거예요. 마침 같이 갔던 옆자리 동료한테 한번 물어봤더니, 만 원 이상은 배달을 해준다네요. 추운데 나가서 사오지 않아도 되니까 너무 좋은 거 있죠.

오늘의 문장은 "그 식당 배달하는지 아세요?" 입니다. 배고픈데 움직이기는 귀찮을 때, 집에서 꼼짝도 하기 싫을 때! 요럴 때 배달음식이 정말 간절하잖아요. 영어로는 어떻게 표현할 수 있을까요? '배달하다'는 영어로 deliver인데 말이죠. 자, 머릿속으로 반드시 먼저 만들어보시고요! 다 되신 분들은 강의에서 만나요!

하루 10분 강의 듣고 감 잡기

Do you know if the restaurant delivers food?
[두유 너우 잎 더 뤠스터랑 들리버스 f푸드?]

오늘의 문장에서 활용한 know if~ 말고 check if~ 도 알아가세요! 말 그대로 '~인지 아닌지 확인하다'라는 뜻이랍니다. 간단히 예문 한번 볼게요.
- 김 씨가 자리에 있는지 확인해볼게요. I'll check if Mr. Kim is at his desk.

하루 5분 영어표현 되새기기

Speak out! 5번 소리내어 따라하기 ☐ ☐ ☐ ☐ ☐

›› Do you know / if the restaurant delivers food?
당신 ~아세요 / 그 식당이 배달을 하는지 (안 하는지)?

요런 상황에서 쓰여요!

A I feel like eating something spicy.
   뭐 좀 매운 거 먹고 싶다.

B So do I. How about some spicy tuna bibimbap from Daegun Restaurant?
   나도 그래. 대건 식당꺼 매운 참치비빔밥 어때?

A Well, I haven't ordered anything there. **Do you know if the restaurant delivers food?**
   음. 거기서는 아무것도 시켜 먹어본 적이 없는데. 니 그 식당 배달하는지 안 하는지 아나?

대건이의 야무진 TIP!

식당은 영어로 restaurant! 아는지 물어보는 거니까 Do you know~?로 문장을 시작합니다. 뭘 아는지 물어보는 건가요? 그 식당이 배달을 하는지, 안하는지요. '배달하다'라는 동사에는 deliver가 있어요. 음식을 배달하는 거니까 뒤에 food가 붙겠죠? 자! 이제 know 바로 뒤에 있는 if에 주목합시다. know 바로 뒤에 if가 오게 되면 '~인지 아닌지 알다' 요런 뜻이 된답니다. 일반적으로 if라고 하면 '만약 ~라면'이라고 뭔가를 가정할 때 쓰잖아요. 고거랑은 다른 케이스니까 꼭 챙겨가세요~ 곧바로 덩어리 정리해볼게요. 당신은 아시나요? Do you know~? 그 식당이 배달을 하는지 안 하는지 if the restaurant delivers food 합쳐보면요? Do you know if the restaurant delivers food?

≫ 죄송한데 저 사진 찍기 싫어해요

27 Day 27

요즘 주변에서 페이스북, 트위터 많이들 하죠. 저도 회사에서 SNS 활동을 하나라도 꼭 하라고 해서 마지못해 시작하게 되었는데요. 오, 요거 하면서 우리 동네에 살고 있는 외국인 친구랑 진짜 친구가 됐다는 거 아니겠어요! 세상 참 좁죠잉? 날씨가 정~말 좋은 오늘! 이 친구랑 같이 한강시민공원에 나들이를 가기로 했답니다. 아직 집에서 싼 김밥 먹어본 적이 없다카길래 이 몸께서 직접! 김밥을 만들어갔죠. 맛난 것도 먹고, 이런 저런 얘기를 나누었지만, 역시 뭐니 뭐니 해도 남는 건 사진 아니겠어요? 친구한테 같이 사진 찍자고 했더니 손을 절레절레 저으면서 "미안한데, 나 사진 찍는 거 싫어."라는 거예요. 페이스북에는 풍경이나 음식사진 같은 거 그렇게 찍어 올리더니, 자기 얼굴 나오는 건 부끄럽다나 뭐라나. 아이고! 어쩔 수 없이 저 혼자 셀카 몇 장 찍고 말았습니다. 이런 상황, 영어로는 어떻게 표현할 수 있을까요? 사진 찍기를 싫어한다라… I don't like to take pictures? 땡~! 자, 오늘의 문장 강의에서 확인해보겠습니다.

하루 10분 | 강의 듣고 감 잡기

미니 강의

≫ I'm sorry but I'm camera-shy.
[암 쎄뤼 벗 암 캐머러 샤이]

be동사랑 형용사는 뗄래야 뗄 수 없는 사이예요. 그래서 be동사가 있는 문장을 의문문으로 만들려면 be동사와 주어의 위치만 싹싹 바꿔주시면 된답니다.
- He is camera-shy. 그는 사진 찍기 싫어해요. → Is he camera-shy? 그 분 사진 찍기 싫어해요?
- Mr. kim is busy now. 김씨는 바쁩니다. → Is Mr. Kim busy now? 김씨는 바쁜가요?

하루 5분 | 영어표현 되새기기

Speak out!　　　　　　　　　　5번 소리내어 따라하기 ☐ ☐ ☐ ☐ ☐

>> # I'm sorry but / I'm camera-shy.
죄송합니다 하지만 / 저는 카메라를 부끄러워해요.

요런 상황에서 쓰여요!

A Look at the statue behind us, so gorgeous!
우리 뒤에 동상 봐바라. 진짜 으리으리하다잉.

B Yeah. Oh, do you want to take a picture with that?
그러게. 아, 니 저거랑 같이 사진 찍고 싶나?

A Um... **I'm sorry but I'm camera-shy.**
음… 미안하지만 나는 사진 찍는 걸 싫어해.

B Really? I can't imagine. You're too outstanding to be camera-shy.
진짜? 상상이 안 되는데. 사진 찍기 싫어하기엔 너무 활발하니깐.

대건이의 야무진 TIP!

사진 찍기를 싫어한다는 말은 즉, '카메라 앞에 서면 부끄럽다' 이런 뜻이잖아요. 그래서 오늘의 키워드는 camera-shy, '사진 찍기를 부끄러워하는(싫어하는)'의 뉘앙스를 가진 형용사입니다. Anyway! 요 단어가 형용사니까 이걸로 문장을 만들려면 앞에 반드시 동사가 와줘야겠죠? 그래서 be동사를 활용해서 I'm camera-shy. 요렇게 문장을 만들 수 있습니다. 곧바로 덩어리 정리 들어갈게요. 죄송합니다만 I'm sorry but~ 뭐 어떻다고요? 저는 카메라 앞에 서기를 부끄러워해요. I'm camera-shy. 두 덩어리 합쳐볼까요? I'm sorry but I'm camera-shy. 소리내어 크게 5번 내뱉어주세요!

실수로 전화 걸었어요.

Day 28

일요일이라 마음 놓고 잤더니, 해가 중천에 떴네요. 배는 고픈데 냉장고도 텅텅 비어있고, 먹을 게 없네요. 요리 해먹기도 귀찮고요. 이럴 땐 역시 배달 음식이 갑이지요! 오늘 아점은 짜장면에 군만두로 결정~! 냉큼 수화기를 들어 전화를 걸었지요. "여보세요. 여기 대건아파트 202동 508호인데요. 짜장면 한 그릇이랑 군만두 하나 주세요. 단무지 많이 주시고요." 주문이 약소해서 배달 안 해줄까봐 터프하게 목소리에 힘 팍팍 주어 가며 주문했는데, 수화기 너머로 뭐라 뭐라 소리가 들리는 거예요. 주문한 거 확인하나 싶어 다시 수화기를 귀에 갖다댄 순간, "저기요! 전화 잘못 거셨거든요! 여기 가정집이에요. 짜장면은 중국집에 시키세요!"라는군요. 저처럼 실수로 전화를 잘못 걸었을 때, 영어로는 어떻게 말할까요? 실수가 영어로 mistake? 반드시 머릿속으로 먼저 만들어보시고요! 다 되신 분들은 곧바로 오늘의 문장 배우러 가봅시다!

하루 10분 | 강의 듣고 감 잡기

미니 강의

I dialed your number by mistake. [아이 다이얼 쥬어 넘벌 바이 미스테이크]

비슷한 표현으로 I got the wrong number.가 있답니다. 잘못된 번호를 got했다는 거니까 이것도 "전화 잘못 걸었네요."라는 뜻이 되겠죠? 야무~지게 챙겨가세요!

하루 5분 **영어표현 되새기기**

Speak out! 5번 소리내어 따라하기 ☐ ☐ ☐ ☐ ☐

» I dialed your number / by mistake. 저는 눌렀어요 당신 번호를 / 실수로.

요런 상황에서 쓰여요!

A Hey, Daegun. This is Taehun. Are you free now?
야, 대건아. 내다. 태훈이. 지금 시간 되나?

B Um... there's no one named Daegun here.
어… 대건이라는 사람 여기 없는데요.

A Oh! sorry. **I dialed your number by mistake.**
아! 죄송합니다. 실수로 번호 잘못 눌렀나보네요.

대건이의 야무진 TIP!

'실수로'는 영어로 어떻게 표현한다고 했죠? by mistake 요렇게 하는 거였죠? 요즘은 전화를 할 때 전화번호를 꾹꾹 누르지만, 예전에는 숫자 위에 동그란 홈이 있어 손가락을 넣고 드르륵 드르륵 돌려서 전화를 걸곤 했었답니다. 그게 바로 영어로 dial인데요. 현대화된 요즘에도 그대로 따와서 쓰고 있다고 하네요. 자, 이제 덩어리 정리해보자구요~ 저는 걸었습니다/당신번호를 I dialed your number~ 어떻게요? 실수로요. by mistake 자, 이제 합쳐볼까요? I dialed your number by mistake. 소리내서 반드시 크게 5번 내뱉어주세요. 수고하셨습니다.

저 뭐 좀 하느라 바빴어요

Day 29

6시 '땡' 하면 퇴근하려고 준비하고 있었는데, 갑자기 팀장님이 메신저로 말을 거시는 거예요. "대건 씨, 오늘 바쁜가? 내년 사업계획 때문에 급하게 회의를 해야 할 것 같은데, 저녁 먹고 7시에 회의 좀 합시다." 으아~ 퇴근시간 지나서, 그것도 저녁 먹고 회의라니!ㅠㅠ 갑자기 가슴이 답답하고 머리가 지끈지끈 아파오더군요. 어찌됐든, 다시 업무모드로 돌입해 회의를 무사히 끝냈어요. 시계를 보니 어느 덧 10시, 어디 연락 온 데 없나 휴대폰을 확인하는데, 평소와 다르게 부재중 전화와 문자 메시지가 5개나 와있네요. 그런 의미에서 오늘의 문장은 "저 뭐 좀 하느라 바빴어요."입니다. 연락을 못 받거나 답이 늦었을 때 자주 사용할 수 있겠죠? 영어로는 어떻게 표현할까요? '뭐를 좀 하고 있었다'가 뭐더라? 반드시 머릿속으로 먼저 한번 만들어보시고요. 다 만드신 분들은 곧바로~! 저와 함께 오늘의 문장 배우러 가자고요! Shall we?

하루 10분 강의 듣고 감 잡기

» I was busy working on something. [아 워스 비지 월킹 언 썸띵]

- '~하느라 바빴다'는 말은 'was/were busy + 동사ing'를 공식처럼 외워주세요!
  - 저는 시험 준비하느라 바빴어요. I was busy preparing for my test.
  - 그녀는 면접 준비하느라 바빴어요. She was busy preparing for the job interview.

하루 5분 영어표현 되새기기

Speak out! 5번 소리내어 따라하기 ☐ ☐ ☐ ☐ ☐

>> # I was busy / working on something.

저는 바빴어요 / 뭐 좀 하느라(신경 쓰느라).

요런 상황에서 쓰여요!

A **Did you get my text?**
내 문자 받았나?

B **Sure, I did.**
어 받았지.

A **Then why didn't you text me back?**
카면 왜 문자 답장 안 했는데?

B Sorry, **I was busy working on something.**
미안, 내 뭐 좀 하느라 바빴다.

대건이의 야무진 TIP!

work가 동사일 때는 '일하다'는 뜻이 있잖아요. 근데 요놈이 work on이라는 구동사로 쓰이게 되면 '~에 노력을 들이다, 착수하다'는 뜻으로 변신한답니다. 그러니까 work on something은 '무언가에 노력을 들이다' 즉 '무언가를 (신경써서) 하다'라는 뜻이 되는 거죠. '~하느라 바쁘다'라고 하실 때는 be busy -ing 구문을 활용하시면 된답니다. 자, 덩어리 정리 들어갑니다잉~! 저는 바빴어요, I was busy~ 뭐 좀 하느라 working on something 합쳐볼까요? I was busy working on something.

≫ 걔는 백 있어요

살다보면 '아, 돈 없고 백 없는 사람은 어디 서러워 살겠냐?' 싶은 순간이 있어요. 특히 전 취업할 때 그런 생각이 들더군요. 물론 차근차근 준비해서 취업에 성공하는 친구들도 많이 있어요. 하지만 가끔 인맥이나 학연, 지연으로 특혜를 받는 경우를 보면 씁쓸한 마음이 드는 건 어쩔 수 없네요. 최근에 제 친구 중에 최종 면접까지 올라갔는데 이미 그 회사 임원의 조카가 내정되어 있는 바람에 들러리만 서다가 탈락한 경우가 있었거든요. 평소 성실하게 취업준비를 해왔던 친구였기에 제가 더 속상했네요. 힘내라, 친구! 자, 이제 씁쓸한 마음은 고이 접어두고 오늘의 문장으로 후딱 모실게요.

  오늘 배울 표현은 "그 사람은 백이 있어요."입니다. '백'을 영어로 어떻게 표현할지가 관건일 것 같은데요. 우선 10초 동안 머릿속으로 문장을 만들어 보고, 저와 함께 힘차게 출발하시죠! Let's move!

하루 10분 | 강의 듣고 감 잡기

≫ He has strings to pull.
[히 해즈 스츄링스 투푸-울]

strings(줄)는 '스트링스'보다는 [스츄링스]로 발음해주세요. 백이 있는 게 he가 아니라 I라면 I have strings to pull.이라고 바꿀 수 있어요. 응용표현 야무지게 챙겨주세요~
- 그 녀석 백 있어? Does he have strings to pull?
- 아니, 걔 백 없어. No, he doesn't have any strings to pull.

하루 5분 영어표현 되새기기

Speak out!   5번 소리내어 따라하기 ☐ ☐ ☐ ☐ ☐

He has strings / to pull.
그는 줄을 가지고 있어 / 당길 수 있는.

요런 상황에서 쓰여요!

A   I can't believe Taehun got a job at Samsung.
태훈이가 삼성에 취직한 거 믿을 수가 없데이.

B   I heard that **he has strings to pull.**
내가 들기론 걔 빽이 있다 카드라.

A   Really? Who told you that?
진짜? 누가 그라든데?

B   I have my sources.
나도 정보통이 좀 있지.

대건이의 야무진 TIP!

우리가 '빽이 있다'고 말할 때 그 '빽'은 들고 다니는 가방이 아니라 백그라운드(배경)를 말하는 거죠. 말하자면 '인맥, 연줄' 같은 거요. 여기서의 string 역시 '줄'이라기보다는 connection, 즉, 연줄을 의미합니다. 그런데 이 줄은 어떤 줄이죠? to pull, 바로 '당길 수 있는' 줄입니다. 꼭두각시(puppet, marionette) 인형극을 한번 연상해보세요. 줄을 당겨서 인형을 움직이잖아요. 이처럼 내가 아닌 다른 사람의 힘을 빌어서 일이 성사되도록 하는 것을 pull (some) strings라고 합니다. 그래서 have string to pull은 '당길 수 있는 줄이 있다' 다시 말해 '빽이 있다'는 뜻이 됩니다. 덩어리 정리해볼까요? 그는 가지고 있어요/줄을. He has strings~ 어떤 줄이요? 당길 수 있는 to pull 합쳐보면요? He has strings to pull.(그는 빽이 있어요.) 이제 이해 가시죠?^^

SELF TEST 📢
지금까지 배운 표현들, 한 번 말해 볼까요?

☞ 정답은 다음 페이지에

가위바위보로 정하자!

난 잠귀가 밝아.

우리 그냥 지름길로 가요.

이거 입 안에서 살살 녹네요.

역시 집이 최고예요!

그 식당 배달하는지 아세요?

죄송한데 저 사진찍기 싫어해요.

실수로 전화 걸었어요.

저 뭐 좀 하느라 바빴어요.

걔는 백 있어요.

Let's decide by rock-paper-scissors.

I'm a light sleeper.

Let's just take a shortcut.

This melts in my mouth.

There's no place like home.

Do you know if the restaurant delivers food?

I'm sorry but I'm camera-shy.

I dialed your number by mistake.

I was busy working on something.

He has strings to pull.

이번엔 니가 쏴. 다음번엔 내가 쏠게

Day 31

집에 오는데 비가 추적추적 내리더군요. 갑자기 얼큰한 감자탕이 먹고 싶어 친구에게 전화를 걸었죠. "친구, 비 오는데 얼큰한 거 안 땡기나? 요 앞에 감자탕집 갈래?" 친구는 마침 배고프던 참에 잘 되었다며 눈썹 휘날리게 달려오겠다는군요. 어디보자, 열쇠 챙겼고 휴대폰 챙겼고… 오케이! 이제 나가면 되겠네요. 네? 지갑은 안 챙기냐고요? 그동안 친구 녀석이 저한테 얻어먹은 게 얼만데요. 잘 먹고 마지막에 "에고, 내 정신 좀 봐. 지갑을 안 가져왔네. 이번엔 네가 쏴."라고 해야죠. 미리 말하면 동요할지 모르니 다 먹고 나서요. 저의 놀라운 연기력을 보여줘야겠네요. 감자탕 잘 얻어먹고 오겠습니다. 우하하하~

 오늘의 문장은 "이번엔 니가 쏴! 다음번엔 내가 쏠게."입니다. 좀 길긴 한데 특별히 어려운 단어는 없으니까요. 머릿속으로 먼저 문장을 한번 만들어 보세요. 다 되신 분들은 저와 함께 Let's go!

하루 10분 강의 듣고 감 잡기

You treat me this time. I'll treat you next time.
[유 츄릿미 디스타–임. 알 츄릿츄 넥스타임]

미니 강의

'쏜다'니까 혹시 shoot을 떠올리셨나요? shoot은 총이나 화살 등을 쏘는 것이고, 여기서의 '쏜다'는 누군가를 대접한다는 의미니까 동사 treat이 와야 합니다.

하루 5분 영어표현 되새기기

Speak out!　　　　　　　　5번 소리내어 따라하기 ☐ ☐ ☐ ☐ ☐

You treat me / this time. // I'll treat you / next time.

니가 대접해 나를 / 이번에. //
내가 대접할게 너를 / 다음번에.

요런 상황에서 쓰여요!

A　Aren't you in the mood for something spicy?
　　뭐 좀 매운 거 안 땡기나?

B　I am. Maybe it's because of the weather today.
　　땡기네. 오늘 날씨 땜에 그런갑다.

A　You're right. How about Gamjatang? 그런가봐. 감자탕 어떻노?

B　Sounds good to me. Hey, **you treat me this time. I'll treat you next time.** 괜찮은데. 야, 이번에는 니가 쏴라. 담번에 내가 쏠게.

대건이의 야무진 TIP!

이 표현에서 포인트는 누군가를 '대접하다'는 뜻의 동사 treat입니다. 쏜다 → 대접한다 → treat, 이제 확실히 아시겠죠? '이번에'는 영어로 this time입니다. 그럼 다음번에는 뭘까요? 그렇죠. next time입니다. '내가 ~할게요'라고 나의 의지를 나타낼 때는 I'll을 씁니다. 중요한 포인트는 해결했으니 곧바로 덩어리로 잡아볼게요. 당신이 대접하세요/저를. You treat me~ 언제요? 이번에요. this time 제가 대접할게요/당신을. I'll treat you~ 언제요? 다음번에요. next time 이제 모두 붙여볼까요? You treat me this time. I'll treat you next time.(이번엔 니가 쏴. 다음번엔 내가 쏠게.)

어제 그녀가 나 바람 맞혔어

Day 32

출근했는데 아침부터 사무실에 어둠의 포스가 강하게 느껴지더군요. 어두운 기운의 주인공은 바로 맞은편에 앉은 김 대리님. 분명히 어제까지만 해도 소개팅한다고 콧노래까지 부르시며 컨디션 최고셨거든요. 무슨 일인가 여쭤보니 아니나다를까 어제 소개팅에서 바람을 맞으셨다고 하네요. 흥분한 김 대리님의 사연인 즉슨 "완전 동안에 퀸카라는 얘기에 아침 일찍 일어나 목욕재계하고 새로 산 양복까지 쫙 빼입고 약속장소로 달려갔어. 아니, 근데 이 여인네가 1시간이 지나도 올 생각을 않는 거야. 결국 커피 값만 날렸지 뭐!"라면서 분통을 터트리셨죠. 알고 보니 소개팅 상대가 김 대리님 페이스북 주소를 어찌 알고 먼저 들어가 보고는 안 나가기로 결심을 했다네요.
김 대리님께 심심한 애도를 표하며, 오늘의 문장으로 가보겠습니다. 누구랑 약속했는데 바람 맞은 경험 한번쯤은 있으실 텐데요. 요런 상황 영어로는 어떻게 표현할까요? '바람'이면 wind? 지금부터 확인해보시죠!

하루 10분 강의 듣고 감 잡기

She stood me up yesterday.
[시 스투ㄷ미업 예스터데이]

stand up은 '서 있다'는 뜻인데, stand와 up 사이에 사람이 들어가면 '~를 바람맞히다'는 의미가 됩니다. 세워뒀는데(stand), 끝까지(up) 세워둔 것이니 바람맞은 것이죠. 응용표현도 야무지게 챙겨주세요~!

- 나 바람 맞았어. I got stood up.
- 그녀가 나를 차버렸어. She dumped me.

| 하루 5분 | 영어표현 되새기기 |

Speak out! 5번 소리내어 따라하기 ☐ ☐ ☐ ☐ ☐

» She stood me up / yesterday.
그녀는 저를 바람 맞혔어요 / 어제.

요런 상황에서 쓰여요!

A **How was your blind date yesterday?**
어제 소개팅 어땠노?

B **It was the worst ever.**
완전 최악.

A **Why? What happened?**
왜? 뭔 일 있었는데?

B **She stood me up yesterday.**
걔가 어제 날 바람 맞혔다니깐.

대건이의 야무진 TIP!

'누구를 바람맞히다'는 말은 영어로 'stand 사람 up'이라고 표현할 수 있습니다. 바람맞힌 사람이 그녀(she), 바람 맞은 대상이 나(me)니까 She stand me up 요래 하면 될까요? 앗, 그런데 그녀가 저를 바람맞힌 것은 현재 일어나는 일이 아니라 '어제'니까 이미 과거의 일인 거죠? 그러므로 동사는 stand가 아니라 과거형인 stood를 써주셔야 합니다. 덩어리 정리해볼게요! 그녀가 저를 바람 맞혔어요. She stood me up~ 언제요? 어제 yesterday 합쳐볼게요! 그녀가 저를 바람 맞혔습니다/어제. She stood me up yesterday. 와, 잘하셨습니다! 응용 들어가겠습니다. "너 이번 주에만 날 세 번이나 바람 맞혔어!"는 어떻게 하면 될까요? You stood me up three times this week! 부디 여러분 모두 이런 말을 쓸 일이 없으시길 기원합니다!^^

》 완전 마른하늘에 날벼락이었지

Day 33

며칠 전 맥북을 구입하고 싶어 알아보다가 새걸로 사기에는 좀 부담이 되어서 중고사이트에서 거래를 했습니다. 새 제품보다 무려 35만 원 이상 저렴한 가격에 혹해서 그 사람과 문자만 하고 바로 계좌로 돈을 입금했더랬죠. 그런데 하루가 지나고 이틀이 지나도 맥북은 저에게 오지 않았습니다. 알고 보니 저와 거래한 판매자가 전문 사기꾼이더라고요. 저 말고도 피해자가 한둘이 아니었죠. 정말 마른하늘에 날벼락이었어요. 경찰에도 신고했지만 워낙 철저하게 사기를 쳐서 그런지 아직까지도 못 잡았네요. 처음엔 화가 났지만 나중엔 '세상을 왜 그런 식으로 사는지' 참 안타까운 마음이 들더군요. 여러분은 부디 저 같은 피해를 입지 않기를 바라며, 오늘의 문장 "완전 마른하늘에 날벼락이었어."를 소개하겠습니다. 사기 당했을 때 제 심정이 딱 그랬거든요.ㅠㅠ '날벼락'이 영어로? 반드시 먼저 머릿속으로 만들어보시고요, 다 되신 분들은 저와 함께 오늘의 문장을 배우러 출바~알!

하루 10분 | 강의 듣고 감 잡기

》 It was a bolt from the blue.
[잇 워즈어 보울ㅌ f프럼더 블루]

a bolt from the blue(파란 하늘에 번개)라니 우리말 '마른하늘에 날벼락'과 비슷하죠? It was a bolt는 '잇 워즈 어 볼트' 말고 [잇 워즈어 보울ㅌ] 요런 느낌으로 발음해주세요. was와 a를 연음시키고 bolt는 '볼트'가 아닌 [보울ㅌ]라고 해주셔야 느낌 제대로 살죠. bolt의 외래어 표기가 '볼트'인지라 발음도 그리 하기 쉬우니 신경 써주시길 부탁드려요~

하루 5분 | 영어표현 되새기기

Speak out!　　　　　　　　5번 소리내어 따라하기 ☐☐☐☐☐

≫ It was a bolt / from the blue.
그건 벼락이었어요 / 푸른 하늘로부터.

요런 상황에서 쓰여요!

A　I heard you got conned. Are you okay?
　　니 사기 당했다는 소식 들었는데이. 괜찮나?

B　**It was a bolt from the blue.** I still can't believe it.
　　완전 마른하늘에 날벼락이다. 아직도 믿기지가 않는데이.

A　So sorry. Anyway did you report it to the police?
　　진짜 안됐네. 어쨌든 간에 니 그거 경찰서에 신고는 했나?

B　Yeah, I did it early this morning.
　　어, 오늘 아침 일찍 신고했다.

대건이의 야무진 TIP!

우리말 '마른하늘에 날벼락'과 이렇게나 흡사한 영어표현이 있다니 놀랍지 않으세요? a bolt from the blue에서 bolt는 '번개, 벼락'을 의미합니다. 그리고 뒤에 나오는 덩어리 from the blue에서 the blue는 '푸른 하늘'을 뜻하죠. 푸른 하늘에서(from the blue) 생뚱맞게 벼락(bolt)이라니 말 그대로 '마른하늘에 날벼락'인 거죠! It was a bolt from the blue! 오늘 문장은 쉽게 이해가시죠?^^ 입에 착 붙게 5번만 크게 소리내어 따라 해주세요. 끝으로, blue가 들어간 out of the blue라는 표현 하나 더 소개할게요. '갑자기, 난데없이'라는 뜻으로 회화에 자주 등장합니다. 우리에게 잘 알려진 영국 가수 Adele의 노래 〈Someone Like You〉에도 많이 나오니까 이 노래도 한번 들어보세요~

≫ 머리에 쥐날 것 같아

Day 34

요새는 자기계발이 하나의 문화로 정착해서 직장인들도 어학원에, 각종 자격증 공부에 여념이 없더군요. 저는 뭐하냐고요? 제가 아직 운전면허가 없거든요. 그래서 이번 달에는 꼭 면허를 따자는 각오로 열공 중입니다. 실은 내일이 제가 필기시험 보는 날이에요. 그런데 문제집을 가장 최근에 펼쳐본 게 운전면허학원 등록했던 날이었나? 다들 운전면허 필기는 시험도 아니라며, 몇 시간만 기출문제 달달 외우면 합격할 수 있다고 하더라고요. 그래서 그 말만 믿고 마음 푹 놓고 있었죠. 드디어 시험 하루 전, 부담 없이 문제집을 펼쳤는데… 허걱! 기출문제가 한두 개가 아니더만요! 다들 천재인가요? 이걸 무슨 수로 하루 만에 다 외운단 말입니까?! 학창시절 암기 과목만은 자신 있었는데 머리에 쥐가 나려고 하네요. 커피 한 대접 마시고 밤새야 하나… 흑~ 여러분, 절대로 시험공부는 벼락치기하심 안 돼요. 오늘의 문장은 "저 머리에 쥐날 것 같아요."입니다. '쥐'니까 mouse가 들어갈까요? 반드시 머릿속으로 문장을 먼저 만들어보시고 저와 함께 Let's go!

하루 10분 강의 듣고 감 잡기

≫ My head is going to split.
[마이해드 이즈거잉투 스플릿트]

미니 강의

조동사 be going to[비 거잉투]는 be gonna[비 거나]로 줄여서도 많이 쓰인답니다. My head is gonna split. 요렇게 말이죠.

하루 5분 | 영어표현 되새기기

Speak out! 5번 소리내어 따라하기 ☐ ☐ ☐ ☐ ☐

›› My head is going to / split.
제 머리가 ~할 것 같아요 / 쪼개지다.

요런 상황에서 쓰여요!

A Our final test is tomorrow.
우리 기말고사 내일이데이.

B I know. I stayed up all night yesterday but still have tons to review! 안다. 어제 밤 꼴딱 샜는데도 아직 봐야할 게 천지다!

A You're better than me. I didn't even start studying yet.
니는 내보다 낫네. 나는 아예 공부시작도 안 했다.

B Ugh, I don't know. **My head is going to split.**
아, 모르겠다. 머리에 쥐나겠다.

대건이의 야무진 TIP!

여러분은 언제 머리에 쥐날 것 같은 느낌이 드시나요? 그렇죠. 심하게 스트레스를 받을 때나 뭔가 복잡하고 어려운 일을 할 때일 텐데요. 이럴 때 '머리가 뽀개질 것 같다'는 말을 하잖아요. 바로 그 느낌을 떠올리면서 오늘의 문장을 보시면 잘 이해가 가실 거예요. 우선 be going to는 '~할 것 같다'는 가능성을 나타내는 조동사죠. split은 뭔가가 '쪼개지다'는 뜻이고요. 덩어리 확인해볼게요. 제 머리가 ~할 것 같아요. My head is going to~ 머리가 어떻다고요? 쪼개질 것 같아요. split 이제 덩어리 합쳐봅니다. My head is going to split.(머리에 쥐날 것 같아.)

처음부터 일이 꼬였어

우리말에도 '첫 단추를 잘 꿰어야 한다'는 말이 있잖아요. 시작부터 안 풀리면 자꾸 일이 꼬이는 듯합니다. 얼마 전 뽑은 자동차를 몰고 지하주차장을 빠져 나오는데 갑자기 뒤에서 어떤 차가 제 차 범퍼를 살포시 박아주시지 뭡니까. '아니, 내 소중한 애마(愛馬)에 이 무슨 극악무도한 짓인가!' 싶어 화가 났지만 회사에 지각할까봐 대충 사과만 받고 일단 차에 올랐습니다. 그런데 도로에 자동차가 왜 이리 많은지 차라리 걷는 게 빠를 것 같더군요. 가까스로 회사에 도착해서 내리는데 허걱! 자동차 열쇠를 안 빼고 그냥 문을 잠가버렸…ㅠ.ㅠ 하지만 무서운 부장님의 얼굴이 떠올라 눈 질끈 감고 사무실로 향합니다.

여러분, 이처럼 어떤 일이 시작부터 어긋나면 왠지 자꾸 꼬이는 것 같고 결과가 안 좋은 경우가 있죠. 이런 상황에 어울리는 말, "처음부터 일이 꼬였어."는 영어로 뭐라고 할까요?

하루 10분 | 강의 듣고 감 잡기

» **I got off on the wrong foot.**
[아이가러ㅍ 언더 뤄엉f풋ㅌ]

'아이 갓 오프 온 더 롱 풋'이라고 발음하지 마시고 위에 적혀있는 대로 꼭 따라 해보세요! 연음되면 실제로 저렇게 들린답니다.

하루 5분 | 영어표현 되새기기

Speak out! 5번 소리내어 따라하기 ☐ ☐ ☐ ☐ ☐

›› I got off / on the wrong foot.
저는 내렸습니다 / 잘못된 발로.

요런 상황에서 쓰여요!

A Ugh, I had a bad day today.
   아, 오늘 일진이 싸나웠데이.

B Why? What happened to you? 왜? 무슨 일 있었는데?

A I think **I got off on the wrong foot** this morning. I locked my car with the key in it.
   오늘 아침부터 일이 꼬였던 것 같다. 자동차 열쇠를 차 안에 두고 문을 잠갔다 아이가.

B Poor you. 저런.

대건이의 야무진 TIP!

직역하면 잘못된 발로 내렸다 즉, '제대로 못 내렸다'는 뜻이 되는데요. 지하철이나 자전거에서 내리는 상황을 생각해보세요. 내리긴 내렸는데(I got off) 발을 헛디뎌서 발을 접질렸어요(on the wrong foot). 첫 발을 잘못 내디딘 결과이니 '시작부터 일이 꼬였다'는 뜻이 함축되어 있는 표현입니다. 세수할 때 비누로 해야 되는데 샴푸로 얼굴 씻어서 낭패했던 경험, 한번쯤은 있으시죠? 하루의 시작부터 일이 꼬인 경우죠. I got off on the wrong foot this morning! 어떤 상황에서 써야 할지 감이 오시죠?^^ 다시 한 번 덩어리 정리해볼게요. 저는 내렸습니다. I got off~ 어떻게요? 잘못된 발로요. on the wrong foot 합치면? I got off on the wrong foot.(처음부터 일이 꼬였어.)

›› 나 오늘 외식하고 싶어

Day 36

모처럼 휴일이라 늦게까지 푹 잤어요. 눈을 떠보니 벌써 오전 11시, 아침이 아닌 점심을 먹을 시간이었죠. 냉장고를 열어봤더니 먹을 만한 게 없고 해먹을 엄두도 안나 멍~하게 있는데 동네 친구가 놀러왔어요. 중국집에 전화해 세트 B(짜장면+짬뽕+탕수육)나 주문할까 했는데 친구가 맨날 짜장면 먹어서 지겹다네요. 그러면서 "친구야, 우리 고기 좀 구워 먹자. 내가 요새 기운이 읍따!" 하면서 징그럽게 막 엉기는 겁니다. 그러고 보니 고기 먹은 지 백만 년은 된 것 같아 큰맘 먹고 대패삼겹살을 먹기로 결정했지요. 방금 전까지 제 옆에서 뒹굴 대던 친구는 갑자기 힘이 불끈 솟는지 우사인 볼트처럼 빛의 속도로 외출준비를 하더군요.

오늘의 문장은 "나 오늘 외식하고 싶어."입니다. '외식하다'를 영어로는 어떻게 표현할까요? 반드시 머릿속으로 먼저 만들어보시고요. 다 되신 분들을 저와 함께 가보시죠. Shall we?

하루 10분 강의 듣고 감 잡기

›› I want to eat out today.
[아원투 이-라웃 투데이]

• **eat out**(외식하다)을 발음하실 때는 '이-트 아웃' 요래 하지 마시고 [이-라웃] 정도로 발음해주세요. 두 단어가 붙으면서 연음이 되거든요. 외식 말고 집에서 먹는 것은 뭐라고 할까요? 집에서 먹는다는 것은 집 바깥이 아닌 안에서 먹는 거잖아요. 그래서 영어로는 eat in이라고 표현할 수 있죠.
• 오늘 그냥 집에서 먹자. Let's just eat in.

하루 5분 　영어표현 되새기기

Speak out! 　　　　　　　　　　　　5번 소리내어 따라하기 ☐ ☐ ☐ ☐ ☐

» I want to / eat out today.
저는 원해요 ~를 / 외식하는 것을 오늘.

요런 상황에서 쓰여요!

A I have no appetite and there's nothing to eat at home.
　　입맛이 영 없고 집에 먹을 것도 없다.

B So, do you want to order in something?
　　그러니까 뭐 좀 시켜먹고 싶다는 거지?

A Nah, I don't. Umm... **I want to eat out today.**
　　아니야. 음… 나 오늘 외식하고 싶어.

B That's a good idea.
　　좋은 생각!

대건이의 야무진 TIP!

외식한다는 것은 밖에 나가서 식사하는 거잖아요. 그래서 '외식하다'를 영어로는 eat out이라고 표현할 수 있답니다. 우리말과 이렇게나 비슷하다니 신기하죠잉? 여기서 주의하실 점은 한 문장에는 반드시 동사 하나만 쓸 수 있다는 거에요. 문장에 동사 want가 나왔으니 바로 동사 eat out을 이어줄 수는 없습니다. 그래서 to부정사를 활용해서 to eat out 그러니까 '외식하는 것'이란 목적어로 만들어서 연결했어요. 덩어리 정리해볼게요! 저는 ~하는 것을 원해요. I want to~ 무엇을 원하죠? 오늘 외식하는 것을. eat out today 합쳐보면요? I want to eat out today.

우리 이번 주말에 뭉치는 게 어때요?

며칠 전 고등학교 동창에게서 연락을 받았어요. 제 블로그를 보고 반가운 마음에 쪽지를 보냈다는군요. 오랜만에 친구의 소식을 들으니 무척 반가우면서도, 한편으로는 학창시절 친한 친구였는데 이제는 얼굴 한번 보기가 이렇게 어렵나 싶어서 아쉬운 마음도 들더라고요. 그래서 간만에 고향 친구들에게 연락해서 "다들 잘 있나? 우리 이번 주말에 함 뭉쳐보자."며 기분 좋게 약속을 잡았지요.

여러분들도 고향에서 먼 곳의 대학이나 직장에 다니시는 관계로 친구들과 소원한 분들이 계실 것 같아요. 그래서 오늘의 표현은 "우리 이번 주말에 뭉치는 게 어때요?"로 골라봤어요. '이번 주말'이 영어로 this weekend인 것은 아시죠? 관건은 '뭉치다'를 영어로 뭐라고 할 것인가 일텐데요. 먼저 문장을 스스로 만들어보시고 다 되신 분들은 저를 따라오세요~!

하루 10분 강의 듣고 감 잡기

Why don't we get together this weekend?
[와이던위 겟트게덜 디쓰위깬?]

Why don't we는 [와이던위] 또는 [와이런위] 정도로 발음해주시면 됩니다. Why don't we get together this weekend?는 [와이런위 겟트게덜 디쓰위깬?] 요롷게요!

하루 5분 영어표현 되새기기

Speak out! 5번 소리내어 따라하기 ☐ ☐ ☐ ☐ ☐

» Why don't we / get together / this weekend?

우리 ~하는 게 어때요 / 모이는 거 / 이번 주말에?

요런 상황에서 쓰여요!

A Hey, we haven't seen each other for like a year.
야, 우리 서로 못 본 지 한 1년은 된 거 같다.

B I know. By the way, I finished my team project so I'm kind of free from now on.
안다. 그런데 있잖아, 내가 팀프로젝트 마쳐서 지금부터는 좀 한가해.

A Oh really? Then **why don't we get together this weekend?** 어, 진짜로? 그럼 이번 주말에 뭉치는 게 어떻겠노?

B Cool. It's gonna be a blast! 좋지! 완전 재밌을 거 같다잉!

대건이의 야무진 TIP!

'뭉치다'는 다시 말해서 함께 모인다는 뜻이잖아요. 영어로는 get together라고 표현할 수 있지요. 그리고 '우리 ~하는 게 어때요?'라고 권유하실 때 유용한 표현으로 'Why don't we + 동사?'가 있는데요. 이때 주의하실 것은 we 뒤에 오는 동사는 반드시 동사원형이어야 한다는 점입니다. 그럼 덩어리 가볍게요. 우리 ~하는 게 어때요? Why don't we~? 뭐 하는데요? 모이는 거요/이번 주말에. get together this weekend 합치면 Why don't we get together this weekend?(우리 이번 주말에 뭉치는 게 어때요?) 입에 착 붙을 때까지 열심히 반복해주세요.

›› 5분 뒤에 다시 전화 드려도 될까요?

Day 38

요즘 미국 드라마에 빠져서 하루 몇 편씩 보고 있어요. 저 먼 나라 사람들 얘기이건만 사람 사는 건 다 거기서 거기인지라 내용이 완전 공감 가더군요. 다 알아들으니까 재미있는 거라고요? 무슨 그런 서운한 말씀! 저도 자막 켜놓고 봅니다. 영어가 귀에 착 감기는 것보단 역시 우리말 자막이 눈에 쏙 들어오죠.^^* 내일 있을 PT 걱정은 고이 접어두고 소파에 기대어 즐감하고 있는데 갑자기 핸드폰이 '띠리링' 울리더군요. PT 자료 때문에 팀장님에게서 걸려온 전화였어요. 물론 PT가 중요하지만 드라마 보다가 맥이 끊기는 것은 안 될 일! 그래서 팀장님께 "죄송한데, 5분 뒤에 다시 전화 드려도 될까요? 급하게 처리할 일이 있어서요." 했죠. 앗, 요거 우리 팀장님이 보시면 안 되는데… 오늘의 문장은 "5분 뒤에 다시 전화 드려도 될까요?"입니다. 뭔가 중요한 일을 하고 있는데 누군가로부터 전화가 걸려왔을 때 유용한 표현이죠? 문장 만들어보시고요. 다 되신 분은 오늘의 문장으로 모시겠습니다. Let's go!

하루 10분 | 강의 듣고 감 잡기

미니 강의

›› Can I call you back in 5 minutes? [캐나이 컬유백ㅋ 인 f파입 미닛츠?]

Can I는 '캔 아이'보다는 [캐나이]라고 연음해주시면 좋겠어요. '약 5분쯤'이라고 대략적인 시간을 말할 때는 전치사 about을 활용해주세요. Can I call you back in about 5 minutes? 5분 말고 한 10분 뒤에 다시 전화하고 싶을 때는요? 그렇죠. Can I call you back in 10 minutes?

하루 5분 | 영어표현 되새기기

Speak out! 5번 소리내어 따라하기 ☐ ☐ ☐ ☐ ☐

❯❯ Can I call you back / in 5 minutes?

제가 전화 다시 할 수 있을까요 / 5분 뒤에?

요런 상황에서 쓰여요!

A   Hey, this is Daegun. Are you free now?
    여이, 대건이다. 지금 시간 되나?

B   Oh, hi. I'm kind of busy right now. **Can I call you back in 5 minutes?** 오, 안녕. 내가 지금 좀 바쁘네. 5분 뒤에 다시 전화해도 될까?

A   Sure. No problem. 알았다. 그리 해라.

B   Alright. Talk to you soon. 알았다. 좀 이따 얘기하자.

대건이의 야무진 TIP!

누군가에게 전화를 할 때는 'call+사람'이잖아요. 그런데 그 사람한테 '다시' 전화한다고 할 때는 뒤에 back을 붙여주시면 됩니다. 영화 <터미네이터 2>의 그 명대사 I'll be back.(다시 돌아올게.) 기억 나시죠? back은 여기서 뒤가 아니라 '다시'를 의미합니다. 그리고 '5분 뒤에'에서 '뒤에'라고 하면 많은 분들이 after 5 minutes를 떠올리실 텐데요. 원어민들은 이렇게 시간이 경과된 것을 나타낼 때 전치사 in을 활용하더라고요. 그래서 '5분 뒤에'는 in 5 minutes라고 표현합니다. 자, 이제 덩어리 가볼게요. 제가 전화 다시 할 수 있을까요? Can I call you back? 언제요? 5분 뒤에요. in 5 minutes 합쳐볼까요? Can I call you back in 5 minutes? 확실히 이해되시죠?

›› 여기서 내려주실래요?

급한 약속이 있어 택시를 잡아탔는데 오늘따라 도로가 꽉 막힌 것이 흡사 주차장을 방불케 하네요. 미터기의 금액은 (제가 느끼기에) 광속으로 올라가고 있는 것 같은데 말이죠. 반대쪽 차선은 슝슝 나가는데 꼭 제가 있는 차선만 막히는 듯해요. 이대로 가다간 거래처와의 약속에 늦을 것 같고 신입사원이 감히 미팅에 지각을 했다간 뼈도 못 추릴 것 같아 결국 택시기사님께 부탁을 드렸습니다. "기사님, 저 여기서 내려주세요." 여기서부터 약속장소까지 거리가 얼마인데 걸어가느냐며 놀란 눈으로 쳐다보는 기사님을 뒤로 하고 숨이 턱까지 차오르게 달렸지요. 아, 정말이지 서울의 교통난 심각합니다.

오늘의 문장은 "저 여기서 좀 내려주실래요?"로 가보겠습니다. 아무래도 '내려주다'를 영어로 어떻게 표현할지가 관건이 되겠는데요. 머릿속으로 한번 만들어보시고, 다 되신 분들은 저와 함께 가보시다잉~ Let's move!

하루 10분 | 강의 듣고 감 잡기

›› Can you drop me off here?
[캐뉴 쥬랍 미 엎 히얼?]

누군가를 차에서 내려주는 것은 'drop+사람+off'입니다. 반대로 누군가를 차에 태울 때는 'pick+사람+up'을 써주시면 됩니다. "6시에 나 픽업 좀 해줄 수 있어?" 요런 식으로 평소 '픽업' 이란 말 자주 쓰잖아요. 영어로 Can you pick me up at 6? 아무~지게 챙겨가세요!^^

| 하루 5분 | 영어표현 되새기기 |

Speak out!   5번 소리내어 따라하기 ☐ ☐ ☐ ☐ ☐

» Can you drop me off / here?
저 좀 내려주실래요 / 여기에?

요런 상황에서 쓰여요!

A The traffic is so bad this morning.
　 오늘 아침 차가 진짜 막히네.

B I know. We're moving at snail speed.
　 내 말이. 우리 완전 굼벵이처럼 기어가는구만.

A I should just run. Hey, **can you drop me off here?**
　 뛰어가는 편이 낫겠다. 야, 나 여기다가 좀 내려줄래?

B Alright. Hold on.
　 알았다. 잠시만.

대건이의 야무진 TIP!

'누군가를 내려주다'는 표현으로 'drop + 사람 + off'가 있습니다. drop이란 단어 자체에 '떨어뜨리다, 내려주다'는 의미가 있으니 쉽게 이해가 가실 거예요. 이때 주의해야 할 사항은 사람은 꼭 drop과 off 사이에 목적격으로 써주셔야 한다는 점이에요. 오늘의 문장 "저 좀 내려주실래요?"도 Can you drop I off가 아니라 Can you drop 'me' off와 같이 목적격 me가 들어갔죠. 그리고 내려야 할 목적지가 다름 아닌 '여기'이므로 뒤에 부사 here를 연결해주시면 됩니다. 만약 '저쪽에' 내려달라고 하신다면 here 대신에 over there라고 해주시면 되죠. 자, 덩어리 정리 들어갑니다. 저 좀 내려주실래요? Can you drop me off~? 여기에 here 합쳐보면요? Can you drop me off here?(저 좀 여기서 내려주실래요?) 소리내어 5번 크게 내뱉어주세요!

›› 전화 끊었다가 다시 할게요

인터넷 개통하면서 집 전화도 인터넷 전화로 바꿨어요. 요거요거 물건이더군요. 간단한 검색도 할 수 있고 인터넷 전화끼리는 공짜! 하지만 지나고 보니 장점만 있는 건 아니었어요. 전화국에서 선 받아서 쓰는 전화기는 비가 오나 눈이 오나 천둥이 내리치는 날도 통화감 하나만큼은 짱짱했거든요. 그런데 인터넷 전화기로 바꾼 다음부터는 통화하다 '지지직' 하는 잡음이 들리거나 뚝뚝 끊기는 경우는 다반사이고, 날씨가 안 좋으면 아예 불통인 경우도 있더군요. 친구끼리 통화야 그냥 다시 걸면 되는데 중요한 전화인 경우 정말 속 터지더라고요.

  오늘의 문장은 "전화 끊었다가 다시 걸게요."입니다. 통화감이 안 좋아서 상대방이 무슨 말 하는지 못 알아듣겠거나 통화 중에 갑자기 급한 일이 생겼을 때 딱 유용한 표현이죠. '전화'라는 말이 있으니까 call이 등장할까요? 머릿속으로 먼저 만들어보시고 다 되신 분들은 Let's move!

하루 10분 강의 듣고 감 잡기

›› I'll hang up and call you back. [알 행업 앤 컬유백ㅋ]

전화를 끊는 것은 hang up입니다. 전화에서 많이 쓰이는 표현 하나 더 알려드릴게요. hang on은 hang이 들어갔지만 hang up과 전혀 다른 뜻이에요. 전화 중에 상대방이 "Hang on."이라고 한다면 "잠시만 기다려주세요."라는 말입니다. 모르고 전화 끊으시면 안돼요~

| 하루 5분 | 영어표현 되새기기 |

Speak out! 5번 소리내어 따라하기 ☐ ☐ ☐ ☐ ☐

» I'll hang up / and call you back.
제가 전화 끊을게요 / 그리고 당신한테 다시 걸게요.

요런 상황에서 쓰여요!

A **Can you hear me? Hello?**
제 말 들리세요? 여보세요?

B **Of course, I can. Hello? Ugh… I think we have a bad connection.**
물론 들리지요. 여보세요? 으… 우리 통화상태가 안 좋은 것 같아요.

A **Geez. I have no idea what you're saying. I'll hang up and call you back.**
이런~ 뭐라고 말씀하시는지 하나도 모르겠네요. 제가 끊었다가 다시 걸겠습니다.

대건이의 야무진 TIP!

hang은 옷걸이 등에 뭔가를 '걸다'라고 할 때 쓰이잖아요. 그래서 hang up이면 up이 있으니까 뭔가를 들어 올린다는 뜻인가 생각할 수 있습니다만! hang up에는 '전화를 끊다'라는 전혀 예상 밖의 의미가 있답니다. 이래서 영어가 어렵게 느껴지는 것 같아요. 익숙한 표현이 주는 뜻밖의 배신감! 한편, 누군가에게 '전화를 다시 걸다'는 표현은 'call+사람+back' 요렇게 back을 붙여주시면 됩니다. 덩어리 정리해볼게요. 전화 끊을게요. I'll hang up~ (조동사 will의 도움을 받아 '~하겠다'는 의지를 나타냈죠.) 그리고 어떻게 하실 거죠? 당신한테 다시 전화할게요. and call you back 이제 합쳐볼까요? I'll hang up and call you back.(전화 끊었다가 다시 할게요.) 5번 크게 소리내어 읽어보세요!

SELF TEST

지금까지 배운 표현들, 한 번 말해 볼까요?

☞ 정답은 다음 페이지에

이번엔 니가 쏴. 다음번엔 내가 쏠게.

어제 그녀가 나 바람 맞혔어.

완전 마른하늘에 날벼락이었지.

머리에 쥐날 것 같아.

처음부터 일이 꼬였어.

나 오늘 외식하고 싶어.

우리 이번 주말에 뭉치는 게 어때요?

5분 뒤에 다시 전화 드려도 될까요?

여기서 내려주실래요?

전화 끊었다가 다시 할게요.

You treat me this time. I'll treat you next time.

She stood me up yesterday.

It was a bolt from the blue.

My head is going to split.

I got off on the wrong foot.

I want to eat out today.

Why don't we get together this weekend?

Can I call you back in 5 minutes?

Can you drop me off here?

I'll hang up and call you back.

≫ 중국음식 시켜먹자

Day 41

집 근처에 스시 전문점이 있는데, 스시 맛이 마치 일본 장인의 숨결이 느껴지는 그런 맛이랄까요. 진짜 훌륭합니다! 더욱 훌륭한 점은 가까운 곳은 배달까지 해주는 시스템이라는 점! 오늘 집에 친구가 놀러왔는데 마침 회가 당겨서 큰맘 먹고 얘기했죠. "야, 요 근처에 죽이는 스시집이 있거든. 우리 점심 거기서 먹자. 내가 쏜다!" 그런데 기뻐 날뛸 줄 알았던 친구 녀석이 눈살을 찌푸리며 "나 생선 알레르기 있어서 회 못 먹어." 이러는 겁니다. 그러면서 이 녀석 눈치 없이 "중국음식 시켜먹자. 세트B 어때?" 라네요. 탱탱한 생선살이 씹히는 스시 대신 기름진 중국요리라니… 에잇!
오늘의 문장은 "중국음식 시켜먹자."입니다. 치킨과 함께 배달음식의 양대 산맥, 특히 이사하는 날은 무조건 먹어줘야 하는 짜장면과 탕수육! 이 중국음식 주문하자는 말을 영어로는 어떻게 표현할까요?

하루 10분 | 강의 듣고 감 잡기

≫ Let's order in Chinese food.
[레쓰 오러 인 차이니쓰 f푸-ㄷ]

미니 강의

order를 발음하실 때는 '오더'라고 하지 마시고 입술을 동글게 마신 후에 오래 발음해보세요. [오-럴~] '오더'라고 하시면 odor처럼 들릴 수 있거든요. odor는 냄새 특히 '악취'를 의미하는 단어로, body odor라고 하면 몸에 나는 악취가 되죠. 발음 꼭 신경 써야겠죠?^^

하루 5분 영어표현 되새기기

Speak out!　　　　　　　　　　5번 소리내어 따라하기 ☐ ☐ ☐ ☐ ☐

» Let's order in / Chinese food.
시키자(주문하자) / 중국음식을.

요런 상황에서 쓰여요!

A How about some sushi for lunch?
　점심으로 스시 어떻노?

B Sorry. I can't eat any raw fish. 미안. 나 회는 못 먹는다.

A Oh, really? I didn't know that. What about some Jjajangmyeon? 아, 맞나? 몰랐네. 짜장면은 어때?

B Sounds good to me. **Let's order in Chinese food.**
　괜찮은 거 같다. 우리 중국음식 시키자.

대건이의 야무진 TIP!

Let's 뒤에 동사원형을 쓰면 '(동사)하자' 정도의 뉘앙스를 가지게 됩니다. 제가 자주 하는 말 Let's move!는 "움직여봐요!"란 뜻이죠. 뭔가를 주문한다는 order인데요, 주로 전화로 배달하는 주문일 경우는 order in을 씁니다. 중국음식은 Chinese food인데, Chinese food에서 맨 앞에 C는 대문자로 써주셔야 한다는 점 유의해주세요. 한국음식도 마찬가지로 Korean food 요래 해주셔야 하고요. 이제 덩어리 정리해볼게요. 주문하자, Let's order in~ 뭐를요? 중국음식을 Chinese food 합쳐볼까요? Let's order in Chinese food.(중국음식 주문하자.)

저는 끼니를 자주 걸러요

전 아침을 거를 때가 많아요. 아침잠이 많은 편인데 이게 고치려고 해도 안 되더라고요. 그래서 내린 결론이 '아침을 못 먹는 한이 있더라도 잠은 더 자자'였어요. 그런데 아침을 거르니까 안 좋은 게 점심에 폭식을 하게 되거든요. 게다가 밤에 야식을 먹는 습관이 있는데 그래서인지 최근 소화도 잘 안 되고 얼굴이 점점 붓더군요. 걱정이 되어 한의원에 찾아갔는데 의사 선생님이 제 얼굴 쓱~ 보고 진맥을 하시더니 "식사 습관이 상당히 불규칙하시죠?"라는 거예요. 요새 겉은 젊은데 속은 완전 문드러진 경우가 허다하다며 저보고 하루빨리 야식 끊고 끼니를 조금씩이라도 꼭꼭 챙겨먹으라고 하네요. 진료 받고 집 근처 마트에서 오랜 만에 장을 봤어요. 오늘의 문장은 "저는 끼니를 자주 걸러요."입니다. 요즘에는 하루 세끼 챙겨 드시는 분들이 별로 없는 것 같은데 건강을 위해 끼니 거르지 마세요~

하루 10분 | 강의 듣고 감 잡기

» I skip meals quite often.
[아이 스킵 미얼스 콰이러f픈]

여러분이 생각하신 문장과 비슷한가요? 주변 친구나 동료들에게 끼니 거르지 말라는 말 자주 하시잖아요. 오늘의 문장에서 살짝만 응용하시면 됩니다. 요렇게요.
• 건강 생각해서라도 끼니 거르지 마라! Don't skip meals for your health!

| 하루 5분 | 영어표현 되새기기 |

Speak out! 5번 소리내어 따라하기 ☐ ☐ ☐ ☐ ☐

» I skip meals / quite often.
저는 걸러요 끼니를 / 꽤나 자주.

요런 상황에서 쓰여요!

A You look sick today. Are you alright?
너 오늘 아파보이네. 괜찮냐?

B It's not that I'm sick. I'm just starving now.
아픈 게 아니다. 그냥 지금 배가 너무 고파 죽겠다.

A Didn't you have breakfast this morning?
오늘 아침 먹지 않았나?

B I didn't. **I skip meals quite often.**
안 먹었다. 내 끼니를 자주 거르거든.

대건이의 야무진 TIP!

meal은 '식사, 한 끼'라는 뜻이지요. 아침, 점심, 저녁의 끼니는 영어로 meals라고 하시면 됩니다. 그리고 끼니를 '거르다'라고 하실 때는 동사 skip을 활용해주세요. 프로그램을 설치하거나 게임을 하실 때 "skip"이란 메뉴가 뜰 때가 있잖아요. '건너뛰다, 넘기다'는 뜻으로 쓰인 거죠. quite often은 quite가 '꽤(very),' often이 '자주'라는 뜻이니까 둘을 합쳐 우리말의 '꽤나 자주' 정도의 부사로 쓰인 거고요. 자, 덩어리 정리해볼까요? 저는 걸러요/끼니를. I skip meals. 얼마나요? 꽤 자주 quite often 합쳐봅시다. I skip meals quite often.(저는 끼니를 자주 걸러요.) Good Job!

» 코가 막혔어요

감기에 걸렸는지 코가 막혀서 숨도 안 쉬어지고 코를 하도 풀어댔더니 머리까지 아파옵니다. 그래도 웬만하면 약 안 먹고 버텨보자 싶어 유자차, 생강차 등 감기에 좋은 차는 다 골라 종일 홀짝거렸어요. 그런데 오후 회의시간에 사람들 앞에서 발표하는데 코가 막힌다 싶더니 갑자기 콧물이 탈출하려는 겁니다. 자꾸 신경 쓰여서 제가 무슨 말을 하고 있는지도 모르겠더군요. 이건 아니다 싶어서 잠시 양해를 구하고 밖에 나가서 크게 한번 팽 풀었습니다. 하지만 코막힘은 계속되었고 발표가 어떻게 끝났는지도 모를 정도였네요. 그래서 회의 끝나고 바로 병원으로 직행했습니다.
오늘의 문장은 "코가 막혔어요."입니다. 영어로는 어떻게 표현할 수 있을까요? 코는 영어로 nose인데 말이죠. 반드시 여러분 스스로 문장 만들어보시고 다 되시면 출발하입시더~!

하루 10분 | 강의 듣고 감 잡기

» I have a stuffy nose.
[아이 햅 어 스떠f피 노우즈]

코감기가 걸리면 코막힘과 함께 콧물이 나오잖아요. 콧물이 흐른다는 말은 영어로 어떻게 표현할까요? stuffy가 '꽉 막힌' 거라면 '콧물이 흐르는' 것은 runny입니다. 뭔가 계속 흐르는(run) 느낌이 팍 전달되시죠?(지저분한 얘기라서 죄송)
• 저 콧물이 계속 흘러요. I have a runny nose.

하루 5분 | 영어표현 되새기기

Speak out! 5번 소리내어 따라하기 ☐ ☐ ☐ ☐ ☐

» I have / a stuffy nose.
저는 가지고 있어요 / 막힌 코를.

요런 상황에서 쓰여요!

A Hey, let's just stop for a moment. Can you smell this?
야, 잠깐만 멈춰봐. 이 냄새 맡을 수 있나?

B What, (sniff) I don't know. **I have a stuffy nose.**
뭐, (킁킁) 모르겠다 코가 막혀서.

A Come on. Don't you think it smells so sweet?
와~ 이 냄새 참 달달한 거 같지 않나?

B Whatever.
그러든동 말든동.

대건이의 야무진 TIP!

무언가가 '꽉 막힌' 것을 나타내는 형용사로 stuffy가 있어요. '꽉 막힌 코'는 이것을 활용해서 a stuffy nose라고 해주시면 되고요. '나는 가지고 있다'는 의미의 I have와 연결하면 "난 꽉 막힌 코를 가지고 있어요" 즉, "코가 막혔어요."란 문장이 완성되는 거죠. 어려운 단어는 없지만 '코가 막혔다'니까 막혔다는 뜻의 동사를 찾느라 고심할 수 있거든요. My nose is stuffed.라고 하셔도 틀린 말은 아니지만 I have a snuffy nose.란 표현이 더 친숙해요. 영어를 잘 하시려면 이렇게 명사를 적절히 활용할 줄 아셔야 합니다. 그럼 덩어리 정리해볼까요? 저는 가지고 있어요. I have~ 뭘를요? 막힌 코를 a stuffy nose 합쳐봅시다! I have a stuffy nose.(코가 막혔어요.) 5번 크게 내뱉어 주세요.

» 뭐 잘못 드셨어요?

Day 44

하루 일과 중 가장 기다려지는 시간은 뭐니 뭐니 해도 점심시간이죠. 특히 회사에선 더욱! 12시 땡 하기가 무섭게 나가서 매콤한 낙지볶음 한 접시 배불리 먹고 후식으로 콩다방에서 시럽 듬뿍 얹은 캬라멜 마끼아또 한 잔 마셔…주려다가 얼마 전 뽑은 자동차 할부금을 떠올리며 회사 탕비실에서 커피믹스 진하게 타서 자리에 왔죠. 그런데 옆자리 김 대리님이 인상을 찌푸리면서 배를 잡고 있네요. 오지랖 넓은 제가 그냥 지나칠 수 있나요? "대리님, 어디 아프세요? 표정이 안 좋으세요. 뭐 잘못 드셨어요?" "아~ 모르겠어. 체했는지 소화가 안 되네." 평소 짜장면은 무조건 곱빼기, 삼겹살 2인분 정도는 가볍게 소화해주시는 우리 김 대리님, 뭘 드셨기에…
 오늘의 문장은 "뭐 잘못 드셨어요?"입니다. 영어로는 어떻게 표현할까요? 자, 먼저 문장 만들어보시고요, 강의를 통해 확인해보시죠!

하루 10분 강의 듣고 감 잡기

» Did you eat something wrong?
[디쥬 이ㅡㅌ 썸띵 뤄엉?]

'먹다'는 뜻의 동사 eat은 좀 길~게 발음해주시는 게 좋아요. 왜냐고요? 짧게 하시면 it(그것) 요래 들릴 수 있거든요.

하루 5분 | 영어표현 되새기기

Speak out! 5번 소리내어 따라하기 ☐ ☐ ☐ ☐ ☐

Did you eat / something wrong?
너 먹었니 / 뭔가 잘못된 것을?

요런 상황에서 쓰여요!

A Why are you taking medicine? **Did you eat something wrong?** 왜 약을 먹노? 뭐 잘못 먹었나?

B I think I did. I have indigestion now.
그런 거 같다. 소화가 안 되네.

A That's bad. I hope you get better soon.
안 됐데이. 빨리 나았으면 좋겠다.

B Thanks. I'll be alright.
고마워. 괜찮을 거야.

대건이의 야무진 TIP!

'먹다'가 eat인 건 짐작하셨죠? '너 ~먹었니?'라고 물을 때는 먹은 것이 이미 일어난 과거의 일이잖아요. 그래서 Do you eat~?이 아니라 시제가 과거형인 Did you eat~?이라고 해주셔야 합니다. 그런데 '무엇을' 먹었냐고 물어봤죠? 뭔가 잘못된 것! something wrong이죠. 자, 이제 덩어리 두 개 합쳐볼까요? Did you eat something wrong?(너 뭐 잘못 먹었니?) 뭔가 잘못된 것 말고 뭔가 매운 것, 뭔가 신 것, 뭔가 단 것 이런 식으로 물어볼 때는 something 뒤에 맛 관련 형용사를 붙여주세요.
· 뭐 매운 거 먹었어? Did you eat something spicy?
· 뭐 단 거 먹었어? Did you eat something sweet?

›› 나이에 비해서 젊어 보이시네요

Day 45

오늘은 새로 거래를 시작한 업체의 담당자와 미팅이 있는 날이랍니다. 깔끔한 인상을 주기 위해 어제 머리도 이발했겠다, 셔츠도 다려 놓았겠다 말끔하게 차려입고 약속장소로 향했지요. 10분 일찍 도착했는데 벌써 자리에 와 계시네요. "안녕하세요? 처음 뵙겠습니다. 전대건이라고 합니다." 근데 이 사람이 저보고 대학생 같이 어려보인다고 하네요. 물론 사회생활 이제 1년 차니 그렇게 보일 순 있겠지만, 칭찬인지는 모르겠군요. 어찌됐든 살다보니 나이에 비해서 어려 보인다는 말을 다 들어보네요. 좋게 생각하렵니다. "나이에 비해서 젊어보이시네요."라는 말을 영어로 어떻게 표현할까요? 나이에 비해서 젊어 보인다라… 여러분이 꼭 먼저 만들어보시고요! 오늘의 문장 바로 강의에서 같이 배워볼게요!

하루 10분 강의 듣고 감 잡기

미니 강의

›› You look young for your age.
[유륵ㅋ영 f포유어 에이쥐]

look은 '룩'보다는 [륵ㅋ]으로 발음해주세요! 나이에 비해서 노안이라고 말씀하시려면 young 대신에 old를 써주시면 되겠죠? You look old for your age. 요렇게요! 단, 처음 만나는 분께는 절대로 쓰시면 아니아니 아니되오~~

하루 5분 영어표현 되새기기

Speak out!　　　　　　　　　　　5번 소리내어 따라하기 ☐ ☐ ☐ ☐ ☐

» You look young / for your age.
(당신) 젊어 보이시네요 / 당신 나이에 비해서.

요런 상황에서 쓰여요!

A　I can't believe you're in your mid-30s.
　　와, 30대 중반이시라는 게 믿기질 않네요.

　　You look so young for your age.
　　나이에 비해서 정말 젊어 보이니데이.

B　Haha, do I? Thanks a lot!
　　하하, 제가요? 고맙습니데이!

대건이의 야무진 TIP!

'어려보인다'는 말 그대로 look young이라고 표현했습니다. '어려 보인다'는 뜻이니까 우리말의 '동안이다'와 일맥상통하는 말이겠죠? '당신 나이에 비해서'는 어떻게 표현했었죠? 그렇죠! for your age라고 했어요. 여기서 for는 '~에 비해, ~치고는' 정도의 뉘앙스입니다. 자, 덩어리 연습할게요. 젊어보이네요. You look young. 뭐에 비해서요? 당신 나이에 비해서요. for your age 합치면요? You look young for your age.(나이에 비해서 젊어보이시네요!) You don't look your age.라고 해도 같은 의미이니 기억해두세요.

110

어머니 진짜 많이 닮으셨네요

Day 46

모처럼 맞이하는 놀토! 오랜만에 우리 어무이가 올라오셨어요. 그런데 하필이면 비가 주룩주룩 내리네요. 덕분에 멀리 놀러가지도 못하고 방콕해야 하는 분위기… 하지만 생각해보니 너무 아쉽더라고요. 그래서 어머니를 설득해 근처에 있는 극장으로 놀러갔어요. 팝콘과 콜라를 사려고 두리번거리고 있는데 오잉? 바로 옆줄에 우리부서 김 과장님을 발견! 반갑게 인사를 나눴지요. 그러고는 "누가 봐도 대건 씨 어머니인 걸 한눈에 알겠어. 진짜 어머니 많이 닮았다."라고 말씀하시더군요. 제가 우리 어머니를 닮아서 좀 잘생기긴 했지요. 하하하! 우리말에도 왜 "두 분 완전 붕어빵이네요." 이런 말 많이 하잖아요. 오늘의 문장 "어머니 진짜 많이 닮으셨네요." 영어로는 어떻게 표현할까요? 자, 10초 동안 반드시! 여러분 스스로 한번 만들어보세요.

하루 10분 강의 듣고 감 잡기

》 **You really take after your mother.**
[유 륄리 테잌 앱터 유어 마덜]

'누군가를 닮았다'고 얘기할 때는 take after말고도 look like를 활용할 수 있답니다. 바로 이렇게요!
- 우리 아들은 아빠를 쏙 빼닮았어요. My son really looks like his dad.
- 저는 우리 엄마 빼다 박았어요. I really look like my mom.

하루 5분 | 영어표현 되새기기

Speak out! 5번 소리내어 따라하기 ☐ ☐ ☐ ☐ ☐

» You really take after / your mother. 당신 진짜 닮으셨네요 / 당신 어머니를.

요런 상황에서 쓰여요!

A Hey, Daegun. Were you at the Lotte Cinema in Ilsan yesterday? 대건아. 니 어제 일산에 있는 롯데시네마 있었나?

B I was. How did you know that? 어. 니 어떻게 아노?

A Oh, I saw you were in line with your mom while I was waiting for my friend. 아. 내가 친구 기다리던 중에 니랑 어머니랑 줄 서있는 거 봤지.

B Why didn't you call my name? 왜 내 안 불렀노?

A I didn't want to interrupt. **You really take after your mom by the way.** 방해하기 싫어서 그랬지. 근데 니 진짜로 어머니 닮았더라.

대건이의 야무진 TIP!

'누군가를 닮다'는 뜻의 take after는 외형뿐만 아니라 성격, 행동, 기호 등이 닮았다고 할 때도 사용할 수 있습니다. 같은 뜻으로 resemble이라는 단어가 있지만, 이 단어는 주로 생김새가 닮았을 때만 사용되지요. 이 둘의 미묘한 차이를 꼭 기억해두세요. 오늘의 문장 정리해볼까요? 당신 진짜 닮으셨네요. You really take after~ 누구를요? 어머니를요. your mother 잘하셨어요. 합쳐보면요? You really take after your mother.(어머니를 진짜 많이 닮으셨네요.) 완벽합니다용!

너 조금도 변하지 않았네

Day 47

종일 외근업무가 있어서 아침부터 부지런히 움직이고 있어요. 점심은 대충 편의점 샌드위치로 때우고, 미팅장소에 10분 미리 도착해서 기다리고 있었어요. 옷매무새도 점검할 겸 거울 한번 보려고 화장실에 갔는데 갑자기 어떤 분이 제 쪽으로 반갑게 웃으며 다가오더니, "안녕하세요, W기획 전대건 씨 맞죠?" "아, 네. 맞습니다만…혹시?" 왠지 모르게 익숙한 얼굴인데요. 어라? 알고 보니 만나기로 한 거래처 분이 글쎄 고등학교 때 잘 어울려 다니던 친구 놈이지 뭐예요. 취직해서 잘 살고 있다는 소식만 전해 들었는데 졸업하고는 거의 처음 만나는 거 같아요. "야, 잘 지냈냐? 근데 넌 조금도 변한 게 없네." 아침부터 여기저기 돌아다니느라 기운 빠지던 참이었는데 예상치 못하게 친구를 만나니 괜스레 즐거워집니다. 오랜만에 만났는데도 변함없이 옛 모습 그대로를 간직한 친구를 보고 "너 조금도 변한 게 없네!"라고 말하곤 하는데요. 영어로는 어떻게 표현할 수 있을까요?

하루 10분 | 강의 듣고 감 잡기

» You haven't changed a bit.
[유 해븐 체인지 더 빗]

> 만약에 '그 사람' 혹은 '그녀'가 조금도 변한 게 없다고 말씀하시려면 어떻게 하면 될까요? 주어 자리에 You 대신 He나 She를 써주시면 되겠죠? 단, 3인칭 단수가 주어로 오게 되면 have 대신 꼭 has를 써주셔야 된다는 점 유의하세요!
> • 그 사람 하나도 안 변했더라. He hasn't(= has not) changed a bit.

하루 5분 영어표현 되새기기

Speak out!   5번 소리내어 따라하기 ☐ ☐ ☐ ☐ ☐

» You haven't changed / a bit.
너 (지금까지) 변하지 않았네 / 조금도.

요런 상황에서 쓰여요!

A Excuse me. Are you Daegun from Andong Highschool?
실례합니다. 혹시… 안동고 나온 대건?

B OMG. You must be Mijung! I've never expected to see you here. 옴마야. 미정이구나! 여기서 너를 볼 줄은 예상도 못 했는데.

A How long has it been since the last time we saw each other? Let's see... 10 years?
우리 마지막으로 본 뒤로 얼마나 됐지? 어디 보자… 10년?

B Yeah. **You haven't changed a bit**, by the way.
그래. 근데 너는 조금도 안 변했네.

대건이의 야무진 TIP!

오늘의 포인트는 바로 '현재완료'가 되겠습니다. 'have+p.p'라고 귀에 딱지가 지도록 들어보셨죠? 주의하실 점은 'have+p.p'에서 동사는 have라는 거! 그렇담 p.p는 뭘까요? 얘는 과거분사라고 하는데요. '형용사'에 속한다고 이해하시면 좋을 것 같아요. 해석은 '현재까지 ~했다' 요정도로 해주시면 오케이! 오늘의 문장은 '변한 게 없다'는 부정이니까 have 뒤에 not 붙여주는 거 잊지 마시고요. 덩어리 시작할게요. 넌 변하지 않았네. You haven't changed. 얼마나? 조금도 a bit 두덩어리를 합쳐보시면? You haven't changed a bit.(너 조금도 안 변했네.) 와, 대단하세요!

저 입맛이 되돌아 왔어요

Day 48

무더운 여름 더위 탓에 저는 참 많은 것을 잃었습니다. 가장 속상한 건 입맛이 뚝! 떨어졌다는 거죠. 맛집 찾아다니면서 저의 '미각'을 만족시키는 게 삶의 낙이었는데 요샌 뭘 먹어도 밍밍한 게 살맛 안 나요. 사무실 분위기를 보아하니 오늘 점심은 시켜먹을 건가봐요. "콩국수 괜찮지? 메뉴 통일할 거니까 그냥 먹자!" 그렇게 점심메뉴는 콩국수로 당첨! 입맛은 정말 코딱지만큼도 없지만 먹고 살아야하기에, 한자리 차지하고 앉았습죠. "이 집 콩국수 완전 대박이야. TV에 수도 없이 나오더라니깐?" TV에 나오는 맛집이 어디 한둘인가요? 별 기대 없이 한 젓가락 먹어봤죠. 그런데 와우! 생각보다 너무 맛있어서 콩국수 한 그릇을 국물 한 방울도 남기지 않고 다 먹었다니까요. 저 입맛 완전 돌아온 것 같아요.

여러분, 저처럼 이렇게 입맛이 뚝! 떨어졌다가 다시 입맛이 되돌아왔을 때, 영어로는 어떻게 표현할까요? 오늘의 문장 강의에서 확인해보자고요.

하루 10분 | 강의 듣고 감 잡기

미니 강의

» I got my appetite back.
[아이갓 마이 앱피타잇 백ㅋ]

날씨가 더우면 입맛을 잃어버리기 십상이지요? '입맛을 잃어버렸다'고 말하려면 요렇게 말해보세요. I lost my appetite. '~을 잃다'는 뜻을 가진 lose의 과거형을 써줬답니다.

하루 5분 | 영어표현 되새기기

Speak out!　　　　　　　　　　　　5번 소리내어 따라하기 ☐ ☐ ☐ ☐ ☐

» I got / my appetite back.
저는 얻었어요 / 되돌아온 제 입맛을.

요런 상황에서 쓰여요!

A　It's been really hot for a long time. I lost my appetite.
징하게 오래 더운 거 같데이. 입맛도 잃었다.

B　Poor you. Come over here. I brought some noodles for you. 가여운 것. 여기 와봐라. 니 줄라고 국수 좀 갖고 왔다.

A　Oh, you shouldn't. Let's see. (slurping)
아, 그럴 필요 없는데. 어디 보자. (후루룩)

B　What do you say? 어떻노?

A　Are you kidding me? **I even got my appetite back!**
니 장난하나? 심지어 내 입맛까지 돌아왔네!

대건이의 야무진 TIP!

입맛은 영어로 appetite이라고 합니다. 우리가 레스토랑에 가면 '애피타이저'가 먼저 나오잖아요. 요게 입맛을 돋우는 가벼운 음식종류라는 뜻이라는 거, 알고 계셨죠? 이제 감이 오시나요? 입맛을 잃었다가 되돌아온 것이니 식성 뒤에 back을 센스있게 붙여주자고요. 덩어리 정리해보면요. 저는 얻었어요. I got~ 뭐를요? 입맛은 입맛인데 되돌아온 제 입맛을요! 그러니까 my appetite back! 그렇죠. 이제 하나로 합쳐볼게요. I got my appetite back.(입맛이 되돌아왔어요.) 와우, 여러분 최고예요!

›› 그 제품 이름 저한테 문자 해주세요

마침 사무용품이 떨어져서 회사 근처 문구점에 가려다 혹시나 해서 부서분들께 여쭤봤죠. "저 문구점 갈 건데 혹시 뭐 필요한 거 있으세요?" 다들 필요했던 참인지 여기저기서 얘기해 주시더라고요. 메모하기가 귀찮아서 제 머리만 믿고 일단 문구점으로 향했죠. 그런데 도착하니 사야 할 물건이 뭐였는지 헷갈리는 거예요. 검은 색이었는지, 파란 색이었는지, 볼펜이었는지, 네임펜이었는지… 기억력 하나는 최고라고 자부했었는데 제 뇌도 나이를 먹어가는 건가요? 도무지 안 되겠어서 창피함을 무릅쓰고 "아까 그 제품 이름들 문자로 좀 부탁드려요~"라고 문자를 보냈지요. 저 벌써 치매끼가 있는 건가요? 앞으론 메모하는 습관을 들여야겠어요. 여러분도 저 같은 경험 있으신가요? "그 제품 이름 저한테 문자해주세요."를 영어로 어떻게 말할까요? 문자하다? send a message? 머릿속으로 먼저 만들어보시고요! 오늘의 문장 강의에서 확인해봅시다!

하루 10분 | 강의 듣고 감 잡기

›› **Text me the name of the product.** [텍스트 미 더네임 업더 프라덕트]

제품뿐만 아니라 특정 식당이나 카페 이름을 문자로 물어보실 경우도 있으시죠? 그럴 땐 the product 대신 그 자리에 the restaurant이나 the cafe 등을 넣어보세요. 요렇게요!
- 그 식당 이름 좀 문자해주세요. Text me the name of the restaurant.
- 그 카페 이름 좀 문자해주세요. Text me the name of the cafe.

하루 5분 | 영어표현 되새기기

Speak out! 5번 소리내어 따라하기 ☐ ☐ ☐ ☐ ☐

❯❯ **Text me / the name of the product.** 문자해주세요 저한테 / 그 제품의 이름을.

요런 상황에서 쓰여요!

A   I'm going to the mall now, do you need anything?
나 지금 마트 가는데, 뭐 필요한 거 있어?

B   Oh good. I'm out of shampoo and body cleanser.
아 그래? 샴푸랑 바디클렌저 다 떨어졌는데.

A   Alright. **Text me the name of the products.** I'll get them for you. 알았어. 제품들 이름 좀 문자로 보내줘. 사올게.

B   Thank you so much!
완전 감사!

대건이의 야무진 TIP!

누군가에게 '문자하다'는 뜻을 가진 동사로 text를 활용했는데요. text가 명사로 쓰일 때는 '문자, 텍스트'라는 뜻이 있지만 요놈이 동사로 쓰이면 '문자하다'는 뜻도 있답니다. 오늘 꼭 잡아가자고요! 나한테 문자하라는 거니까 text me가 왔는데요. 만약 그 사람에게 하라고 하시려면 text him, 그녀라면 text her로 표현할 수 있겠죠? 덩어리 가볍게요! 저한테 문자해요, Text me~ 뭐를요? 그 제품의 이름을 the name of the product 이제 덩어리 합쳐볼까요? Text me the name of the product.(그 제품 이름 저한테 문자해주세요.) 어순에 주의하시면서 5번 큰 소리로 반복해주세요.

》 우리 그냥 채널 돌리자

퇴근하고 집에 와보니 동생이 소파에 누워 있네요. 자고 있나 싶어서 봤더니 그 자세로 TV 보느라 정신이 없더라고요. 얼마나 재밌는 걸 보기에 그러나 싶어서 옆에 서서 좀 봤더니만, 알아듣지도 못하는 외국 프로그램을 보고 앉았네요. "야, 우리 그냥 채널 돌리자. 지금 드라마할 시간이란 말이야." "아, 형! 나 지금 영어듣기 하고 있는 거 안 보여? 공부하고 있다고. 드라마 보려면 형 방 가서 봐!" 요 당돌한 영혼 같으니⋯⋯. 리모콘으로 한 대 쥐어박으려다가 '공부'라는 소리에 제가 양보하기로 했습니다. 저처럼 형제 있으신 분들, 이런 상황 자주 겪으시죠?

오늘의 표현은 "우리 그냥 채널 돌리자."입니다. 채널을 돌리다? 영어로는 어떻게 표현할지 궁금하시죠! 머릿속으로 꼭 먼저 만들어보시고, 오늘의 문장 강의에서 함께 확인해보시죠.

하루 10분 | 강의 듣고 감 잡기

》 **Let's just change the channel.**
[레쓰 저스 체인지 더 채널]

Let's 뒤에 동사원형을 써주시면 '(동사)하자'라는 간단하면서도 멋진 구문을 활용하실 수 있어요. 예문 몇 개만 같이 챙겨볼까요?
- Let's go for a walk. 우리 산책 가자.
- Let's have some coffee. 우리 커피 마셔요.

하루 5분 | 영어표현 되새기기

Speak out! 5번 소리내어 따라하기 ☐ ☐ ☐ ☐ ☐

» Let's just change / the channel.
우리 그냥 바꾸자 / 채널을.

요런 상황에서 쓰여요!

A What are you doing?
   니 뭐하노?

B I'm watching my favorite TV show.
   제일 좋아하는 쇼프로 보고있지.

A Hey, it's boring. **Let's just change the channel.** Where's the remote?
   야, 그거 지루하다. 채널 돌리자 그냥. 리모콘 어딨노?

B Hold on! Don't turn to another station!
   기다려봐! 딴 채널 돌리지 마~!

대건이의 야무진 TIP!

'~하자'고 제안할 때는 Let's를 사용한다는 건 앞에서 배웠죠?(Day 21) 채널을 '돌리자'는 말은 지금 보는 채널에서 다른 채널로 '바꾸자'는 거니까 '~을 바꾸다'는 뜻을 가진 change를 써서 표현할 수 있어요. '다른 채널로 돌리지 말라'고 할 때는 앞에 Do not을 붙여 Don't turn to another channel. 이라고 하면 되겠죠? 자, 덩어리 정리해봅시다. 우리 그냥 바꾸자 Let's just change~ 뭐를요? 채널을 the channel 합치면요? Let's just change the channel.(우리 그냥 채널 돌리자.)

SELF TEST 📢
지금까지 배운 표현들, 한 번 말해 볼까요?

☞ 정답은 다음 페이지에

중국음식 시켜먹자.

저는 끼니를 자주 걸러요.

코가 막혔어요.

뭐 잘못 드셨어요?

나이에 비해서 젊어 보이시네요.

어머니 진짜 많이 닮으셨네요.

너 조금도 변하지 않았네.

저 입맛이 되돌아 왔어요.

그 제품 이름 저한테 문자해주세요.

우리 그냥 채널 돌리자.

Let's order in Chinese food.

I skip meals quite often.

I have a stuffy nose.

Did you eat something wrong?

You look young for your age.

You really take after your mother.

You haven't changed a bit.

I even got my appetite back!

Text me the name of the product.

Let's just change the channel.

≫ 휴대폰 좀 진동으로 해주실래요?

Day 51

비오는 주말, 집에 있으려니 뒤숭숭해서 조조영화를 보러 갔어요. 매표소에 갔더니 마침 표가 있어 바로 상영관으로 입장했죠. 비오는 날 조조라서 그런지 저 말고 딱 세 분 계시더라고요. 그런데 영화 시작 후 갑자기 바로 제 앞자리에서 '띠리리링' 휴대폰이 울리는 거예요. 벨소리의 주인공은 민망했는지 전화를 받으러 잠시 나갔다 오시더군요. 하지만 잠시 후 영화의 중요한 장면에서 또 문제의 휴대폰이 울리는 거예요. 결국 저는 그분에게 "휴대폰 좀… 공공장소잖아요.^^;"라고 말씀드렸죠. 다행히 그분이 죄송하다며 진동으로 바꿔주셔서 무사히 영화를 볼 수 있었어요.
오늘의 문장은 "휴대폰 좀 진동으로 해주실래요?"입니다. 극장이나 도서관 같은 공공장소에서 휴대폰 벨소리가 울리면 굉장히 신경이 쓰이는데요. 이런 상황에서 영어로 어떻게 부탁할 수 있을까요?

하루 10분 강의 듣고 감 잡기

미니 강의

≫ **Can you put your cellphone on vibrate?** [캐뉴 풋츄어 쎌포운 언 바이브뤠잇?]

진동모드는 영어로 on vibrate랍니다. 무음모드는 영어로 어떻게 말할 수 있을까요? 리모컨을 한번 봐주세요. 누르면 소리가 안 나는 버튼이 뭐죠? 바로 mute 버튼입니다. mute에는 '벙어리, 음소거'라는 뜻이 있거든요. 그래서 on mute는 '무음모드'가 되는 겁니다.
• 휴대폰 좀 소리 안 나게 해주실래요? Can you put your cellphone on mute?

하루 5분 | 영어표현 되새기기

Speak out! 5번 소리내어 따라하기 ☐ ☐ ☐ ☐ ☐

❯❯ Can you put your cellphone / on vibrate? 휴대폰 좀 두실래요 / 진동모드로?

요런 상황에서 쓰여요!

(ringing)

A   Um... excuse me but **can you put your cellphone on vibrate?** We're in a public place.
저기… 죄송한데 휴대폰 좀 진동모드로 해주실래요? 공공장소잖아요.

B   I'm so sorry.
정말 죄송합니다.

대건이의 야무진 TIP!

'~좀 해줄래요?'라고 부탁할 때는 Can you~?로 시작해주세요. vibrate는 '진동하다'는 뜻으로 전치사 on과 딱 결합하면 우리말의 '진동모드'의 의미가 됩니다. 휴대폰이 cellphone인 건 아실 거고요. '두다'는 뜻의 동사 put을 써서 put your cellphone on vibrate라고 하면 휴대폰을 진동모드에 둬라 즉, '진동모드로 좀 해달라'는 의미가 되죠. 이제 정리 들어갑니다! 휴대폰 좀 (상태로) 두실래요? Can you put your cellphone? 어떻게요? 진동모드로! on vibrate 합쳐볼까요? Can you put your cellphone on vibrate?(휴대폰 좀 진동으로 해주실래요?)

목 안이 너무 간질간질 해요

Day 52

어제 저녁에 미드 실컷 보다가 새벽에야 잠이 들었어요. 선풍기를 켜둔 채로 말이죠. 아이아 크흠크흠. 어라? 자고 일어나니까 목 안이 가렵고 간질간질한 게 목감기 초기증상 같더군요. 아침 먹고 동네 병원에 다녀왔죠. 부끄럽지만 엉덩이 같은 데 주사 맞을까봐 걱정했거든요. 그런데 다행히 병원에서 간단한 치료와 약만 처방받아 집으로 왔어요. 전 주사바늘이 너무 싫어요. 의학이 더 발전해서 주사가 필요 없는 세상이 왔으면 좋겠네요. 아, 이제 약 먹어야겠어요. 여러분, 주무실 때 절대 선풍기 켜놓지 마세요.
오늘 우리가 배울 문장은 "목 안이 너무 간질간질해요."입니다.
'간질간질하다'를 영어로 표현하는 게 관건일 텐데요. 먼저 머릿속으로 문장을 만들어보시고 저와 함께 확인하러 가시죠!

하루 10분 강의 듣고 감 잡기

My throat is very itchy.
[마이 th-롯 이즈 베뤼 잇치]

미니 강의

신체 부위로 우리 몸 겉에 있는 목은 neck, 몸의 안쪽은 throat입니다. 오늘의 문장에서 '가려운, 간지러운'이란 뜻의 형용사 itchy를 배우셨죠? 요 단어를 활용해볼까요?
• 등이 너무 간지러워. My back is very itchy.
• 종아리가 왜 이렇게 간지럽지? Why is my calf so itchy?

하루 5분 | 영어표현 되새기기

Speak out!   5번 소리내어 따라하기 ☐ ☐ ☐ ☐ ☐

≫ My throat is / very itchy.
제 목 안이 ~입니다 / 굉장히 가려운.

요런 상황에서 쓰여요!

A   Why are you coughing so much?
왜 그렇게 기침을 많이 하노?

B   I don't know. **My throat is very itchy.**
모르겠다. 목 안이 너무 간지러워.

A   Isn't it a sign that you caught a cold?
그거 니가 감기 걸렸다는 징조 아니라?

B   I hope not.
감기가 아니면 좋겠는데.

대건이의 야무진 TIP!

간질간질 가렵다는 느낌을 전달할 수 있는 형용사로 itchy가 있는데요. 요 녀석이 아무래도 오늘 문장의 핵심이 되겠네요. 형용사만 가지고는 문장이 될 수 없으니까 be동사의 도움을 받아야겠죠? 오늘의 문장은 이 정도의 문법지식만 있으면 충분해요. 목은 목인데 겉이 아니라 목 안이 간지러운 거잖아요. 그러니까 neck(목)이 아니라 '목구멍'을 나타내는 단어 throat을 활용해보자고요. 제 목 안이 ~(한 상태)입니다. My throat is~ 어떤 상태라고요? 굉장히 가려운 상태요. very itchy 두 덩어리 합쳐볼까요? My throat is very itchy.(목 안이 너무 간질간질해요) 참 쉽죠잉? 5번 크게 내뱉어주세요~!

얼굴 빨개지시네요. 당황했어요?

어려서부터 친하게 지내는 동네친구들이 있는데요. 언제부턴가 그중 두 녀석의 분위기가 심상치 않더라고요. 아, 오해할까봐 미리 말씀드리는데 한 녀석은 여자, 다른 한 녀석은 남자예요. 요새 얘들 둘이 같이 다니는 게 자주 눈에 띄더군요. 워낙 어려서부터 허물없이 지내던 사이라 그런가보다 했는데 뭔가 예감이 딱 와서 남자 녀석에게 물어봤죠. "야, 니들 둘이 사귀냐?" 그랬더니 이 친구 당황했는지 얼굴이 빨개지네요. 딱 걸렸어요. 하하.
여러분 오늘의 문장은 "얼굴 빨개지시네요. 당황했어요?" 입니다. 뭔가 민망한 상황일 때, 당황스러울 때 얼굴이 빨개지곤 하잖아요. 그런 상황에 쓸 수 있는 표현입니다. 반드시 머릿속으로 먼저 만들어보시고요. 다 되신 분들은 오늘의 문장 저와 함께 야무~지게 배워볼게요!

하루 10분 강의 듣고 감 잡기

Your face is turning red. Are you embarrassed?
[유어 f페이시스 터닝 뤠드. 아유 임붸러스ㄷ?]

상대에게 물어보는 경우 말고 여러분이 당황해서 얼굴이 빨개질 때도 있겠죠. 그럴 땐 영어로 어떻게 하면 될까요? 오늘 문장에서 살짝만 응용하면 됩니다. 요런 식으로요!
- 으메 부끄러워라. 얼굴 빨개지네. I'm embarrassed. My face is turning red.
- 니 얼굴 왜 빨개지노? Why is your face turning red?

| 하루 5분 | 영어표현 되새기기 |

Speak out! 5번 소리내어 따라하기 ☐ ☐ ☐ ☐ ☐

» Your face is / turning red. // Are you / embarrassed?

당신 얼굴이 ~이네요 / 변하는 빨갛게. // 당신 ~세요 / 당황스러운?

요런 상황에서 쓰여요!

A Hey, you love Mijung in our class, don't you?
야, 너 우리 반 미정이 좋아하재, 그재?

B What? What... what are you talking about?
뭐? 뭐… 뭐라카노 니 지금?

A **Your face is turning red. Are you embarrassed?**
니 얼굴 빨개진데이. 당황시럽나?

B Shhhh. Don't tell anybody! 쉬! 아무한테도 말하지 마래이.

대건이의 야무진 TIP!

얼굴이 빨개지는 건 얼굴이 붉은색으로 '변한다'는 거겠죠? 그래서 '얼굴이 빨개지다'는 영어로 turn red라고 한답니다. 현재 얼굴이 빨개지고 있는 거니까 현재진행형이죠. embarrassed는 당황스럽거나 창피한 상태를 나타내는 형용사예요. 우리가 '쪽팔린다'고 할 때 이 단어를 쓸 수 있죠. ashamed에도 부끄럽다는 의미가 있지만 ashamed는 어떤 잘못에 대한 후회나 가책으로 부끄러운 거예요. 오늘 문장의 경우는 잘못이라기보다는 당황스러워서 부끄러운 것이므로 embarrassed가 더 적절하죠. 자, 덩어리 정리해볼게요. 당신 얼굴이 ~이네요/빨갛게 변하는. Your face is turning red. 당신 ~세요/당황스러운? Are you embarrassed? 5번 크게 소리내어 읽어주세요!

≫ 걸어갈 수 있는 거리예요

Day 54

최근에 친구랑 자취를 시작했어요. 남자 둘이 살다보니 요리는 어쩌다가 한번 해먹을까 말까이고 보통 배달음식 아님 그냥 밑반찬만 사놓고 먹죠. 오늘은 오랜만에 쉬는 날이라서 점심 좀 먹을까 싶어서 냉장고 문을 열었더니 정말 먹을 게 하나도 없네요. 배달음식도 이제 지겨운데 말이죠. 고민하던 친구가 삼계탕을 끓여주겠다네요. 오, 이렇게 반가울 데가! 그런데 그 친구 종이에 재료를 적어주더니 저더러 사오랍니다. 자동차 빼올 테니 같이 가자고 했더니 "야, 차 필요 없어. 걸어갈 수 있는 거리야. 갔다 와."라네요. 헐~ 그래도 뜨끈한 삼계탕을 떠올리며 눈썹 휘날리게 갔다 왔어요.
오늘의 문장은 "(거기) 걸어갈 수 있는 거리야."로 선택했어요. 자! 먼저 머릿 속으로 만들어보세요. 되셨나요? 그럼 지금부터 강의를 통해 확인해보시죠. Let's go!

하루 10분 강의 듣고 감 잡기

미니 강의

≫ **It's within walking distance.**
[잇츠 위딘 워킹 디스턴쓰]

걸어서 갈 수 있는 거리가 아닐 때는 어떻게 하면 될까요? 그렇죠. 부정어 not을 활용해서 요렇게 말해주시면 됩니다.
- 걸어갈 수 있는 거리가 아니야. It's not within walking distance.

하루 5분 | 영어표현 되새기기

Speak out!   5번 소리내어 따라하기 ☐☐☐☐☐

≫ It's within / walking distance.
그것(거기)은 ~이내에 있어요 / 걸어갈 수 있는 거리.

이런 상황에서 쓰여요!

A We're out of groceries. Let's go to G-mart.
   우리 먹을거리가 다 떨어졌네. G마트 가자.

B Alright. I'll go get the car.
   알았다. 가서 차 갖고 올게.

A No no no. **It's within walking distance.**
   노노노. 걸어갈 수 있는 거리야.

대건이의 야무진 TIP!

오늘의 포인트는 전치사 within과 그 뒤에 오는 walking distance가 되겠네요. within에는 '~이내에'라는 의미가 있고 walking distance는 '보행 거리(걸을 수 있는 거리)'라는 뜻입니다. 그래서 within walking distance라고 하면 '걸어갈 수 있는 거리 안에'가 되죠. 날짜, 거리, 시간, 요일 등을 말할 때는 It을 주어로 쓸 수 있다는 것도 알아두세요.(사람이 아닌 것을 가리킨다 해서 문법용어로는 '비인칭 주어'라고 해요) 그럼 덩어리 조립해볼게요. (그것은) ~이내에 있어요. It's within~ 어떤 거리요? 걸어갈 수 있는 거리 walking distance 덩어리 합쳐볼까요? It's within walking distance.(그것은 걸어갈 수 있는 거리에 있어요.) 소리내어 5번 야무지게 내뱉어주세요.

걔가 말한 정보 믿을 만해요?

Day 55

저희 부모님은 저에게 '세상을 살면서 절대 손대지 말아야 할 것이 3가지 있다'고 늘 당부하셨어요. 그것은 도둑질, 보증, 그리고 주식이었죠. 요새 재테크다 뭐다해서 제 주변에서도 월급 쪼개서 투자하고 주말마다 교육도 듣고 그러더라고요. 하지만 저는 '어른 말 틀린 거 하나 없다'는 소신으로 꿋꿋이 버텨왔어요. 바로 며칠 전까지만 해도 그랬죠. 그런데 얼마 전 여자친구가 저에게 진지하게 얘기하는 거예요. 놓치기 아까운 주가 있다며 자기도 적금을 깨서 투자한다고요. 무조건 원금의 2배 이상은 가능하다면서 저에게도 적극 권유하기에 망설이다가 그동안 모은 돈으로 주식을 샀습니다. 부디 잘 되어야 할 텐데요…

주식 대박을 기원하며 오늘의 문장은 "그녀가 말한 정보 믿을 만해요?" 골라봤습니다. Let's move!

하루 10분 강의 듣고 감 잡기

Is the information she said reliable?

[이즈 디 인풔메이션 쉬셋 륄라이어벌?]

미니 강의

information[인풔메이션] 발음 한번 따라 해주시고요. 모음으로 시작하는 단어라 그 앞에 the가 '더'가 아닌 [디]로 발음되었단 것도 챙겨주세요. 오늘의 문장 응용 들어가볼게요. she(그녀) 자리에 다른 단어를 넣어 요렇게 활용해볼 수 있겠어요.

- 그 사람이 말한 정보 믿을 만해요? Is the information he said reliable?
- 네 친구가 말한 정보 믿을 만하니? Is the information your friend said reliable?

하루 5분 영어표현 되새기기

Speak out! 5번 소리내어 따라하기 ☐ ☐ ☐ ☐ ☐

Is the information she said / reliable? ~인가요 그녀가 말한 정보가 / 믿을 만한?

요런 상황에서 쓰여요!

A I'm going to invest in this stock. Mijung recommended this a few days ago.
나 이 주식에 투자하려고. 미정이가 며칠 전에 이거 추천해줬어.

B **Is the information she said reliable?**
걔가 말한 정보 믿을 만하나?

A Of course. She is a pro at investment.
당연하지. 투자의 귀재다, 귀재.

대건이의 야무진 TIP!

정보는 information이죠. 그녀가 말한(she said) 정보니까 the information she said입니다. 그리고 우리말의 '믿을 만한'이란 뜻을 가진 형용사로는 reliable이 있답니다. reliable이 형용사니까 문장을 만들기 위해서는 반드시 동사의 도움을 받아야겠죠? information이 단수이므로 is의 도움을 받을 수 있겠네요. 이제 덩어리 가볼게요. 아, 그전에 be동사 의문문을 만들려면 문장 맨 앞에 be동사부터 나온다는 것도 알려드릴게요. 자, 덩어리 시작합니다! ~인가요?/그녀가 말한 정보가 Is the information she said? 어떤 상태라고요? 믿을만한 reliable 이번에는 하나로 합쳐볼게요. Is the information she said reliable?(그녀가 말한 정보 믿을 만해요?)

›› 저 이거 할부로 샀어요

Day 56

어릴 때는 레고, 미니카, 장난감 총 등에 관심이 많았던 것 같아요. 나이가 드니까 '아, 철없을 때 참 헛돈 많이 썼구나!'라는 생각이 들더라고요. 이제 나이도 나이인 만큼 결혼 준비도 해야 하고 돈을 허투루 쓰지 말아야겠다는… 생각은 생각만으로 남을 뿐 여전히 월급만 받으면 이것저것 지르느라 정신이 없네요.^^* 요새는 전자제품 좋은 게 얼마나 많이 나오는지 지난달 해외에서 먼저 발매되었던 신개념 태블릿PC가 한국에서도 정식발매 된다고 해서 예약 판매하는 날만 손꼽아 기다리고 있어요. 12개월 할부로, 점심을 삼각 김밥으로 때우는 한이 있어도 꼭 사고 말겠어요.

오늘의 문장은 "저 이거 할부로 샀어요."입니다. '할부'를 영어로 어떻게 표현할지가 핵심이 될 것 같죠? 먼저 10초 동안 머릿속으로 문장을 만들어보세요. 다 되셨으면 오늘의 문장 확인해보시죠!

하루 10분 | 강의 듣고 감 잡기

›› I bought this in installments.
[아이밧디쓰 인인스떨먼츠]

무언가를 '샀다'는 뜻의 동사 bought(buy의 과거형)를 발음하실 때 '보우트'라고 하시는 분들 많으세요. 그런데 이 단어는 [밧ㅌ] 정도로 발음해주세요. '보우트' 하시면 boat라고 알아들을 수 있으니 주의 부탁드려용~

하루 5분 **영어표현 되새기기**

Speak out!　　　　　　　5번 소리내어 따라하기 ☐ ☐ ☐ ☐ ☐

» I bought this / in installments.
저는 샀어요 이걸 / 할부로.

요런 상황에서 쓰여요!

A　Wow, did you buy a new cellphone?
　　와, 니 휴대폰 새 거 샀나?

B　Haha. You got it.
　　하하. 어떻게 알아보네.

A　Did you pay all at once?
　　일시불로 산 거야?

B　No, **I bought this in installments.**
　　아니, 이거 할부로 샀어.

대건이의 야무진 TIP!

'할부로'는 영어로 in installments라고 표현하시면 됩니다. installment가 할부금을 말하거든요. 전치사 in을 붙여 복수형 installments라고 하면 말 그대로 분할해서 지불한다는 의미가 되는 거죠. 바로 덩어리 정리 들어갈게요. 저는 샀습니다/이걸요. I bought this~ 어떻게요? 할부로 in installments 자, 이제 합쳐볼까요? I bought this in installments.(저 이거 할부로 샀어요.) 오늘의 문장 한번 응용해볼까요? this 자리에 구체적인 물품을 넣어서 다양하게 활용해주실 수 있어요. 요렇게요. I bought my new laptop in installments.(저는 노트북을 할부로 샀어요.) 아시겠죠?^^

›› 여기가 시내로 가는 버스정류장 맞나요?

싱가포르로 여행을 왔어요. 오기 전에 여행책자와 온라인 검색을 해보니까 이곳은 시내에 맛집과 쇼핑할 곳이 천지더라고요. 공항에 도착하자마자 숙소에 가서 짐을 푼 뒤 지갑이랑 카메라 등 최소한의 짐만 챙겨 숙소 밖으로 나섰어요. 그런데 지도를 꺼내놓고 이리저리 살펴보는데 지도 보기가 왜 이리 어려운 거죠? 보고 또 봐도 도통 이해가 안 되네요. 도저히 안 되겠다 싶어 일단 'Bus Stop(버스정류장)'이라고 적힌 표지판을 찾았어요. 다행히 그곳에 사람들이 제법 서있더군요. 시내로 가는 버스정류장이 맞는지 물어보니 그렇다고, 이제 곧 버스가 올 거라고 친절하게 대답해줬어요. 이번 여행을 통해 그동안 갈고 닦은 영어를 연습해볼 수 있고 말도 통하니 흐뭇했답니다.

오늘의 문장은 "여기가 시내로 가는 버스정류장 맞나요?"입니다. 먼저 문장을 만들어보시고 저와 오늘의 문장으로 함께 가보시죠!

하루 10분 강의 듣고 감 잡기

›› **Is this the right bus stop for downtown?** [이스디스더 롸잇버스 스탑 f포 다운타운?]

right을 절대로 '라이트'라고 하지 마세요! 그렇게 발음하시면 light(불빛, 가벼운)으로 들릴 수 있거든요. r 사운드는 입술을 동그랗게 말아 [롸] 정도로 발음해주세요. [롸잇ㅌ] 아시겠죠?

하루 5분 영어표현 되새기기

Speak out! 5번 소리내어 따라하기 ☐ ☐ ☐ ☐ ☐

Is this the right bus stop / for downtown?
이것이 ~입니까 올바른 버스정류장 / 시내로 가는?

요런 상황에서 쓰여요!

A Excuse me. **Is this the right bus stop for downtown?**
    실례합니다. 여기가 시내로 가는 버스정류장 맞나요?

B Yeah. The bus will be here soon.
    네, 버스 이제 곧 올 거예요.

A Thanks. 감사합니다.

대건이의 야무진 TIP!

단어에는 다양한 뜻이 있답니다. 특히 평소 잘 안다고 방심했던 단어일수록 우리가 아는 뜻 외에 다른 뜻으로도 쓰이기 때문에 실수하기가 쉬워요. '등잔 밑이 어둡다'는 속담처럼요. '오른쪽'이란 명사로 친숙한 right은 '올바른'이라는 형용사로도 쓰인답니다. stop 역시 '멈추다'는 동사로도 사용되지만, '정류장'이라는 명사로도 쓰여요. 버스 정류장은 말 그대로 버스가 '멈추는' 곳이니까 bus stop인 거죠. 그래서 the right bus stop은 그 오른쪽 버스정류장이 아니라 '올바른(내가 찾던 그) 버스정류장'이랍니다. 덩어리 정리할게요. be동사 의문문은 동사가 문장 앞으로 나온다는 거 잊지 않고 계시죠? 갑니다용! 이것이(여기가) ~입니까/올바른 버스정류장? Is this the right bus stop? 시내로 가는 for downtown 합쳐볼까요? Is this the right bus stop for downtown?

>> 부탁이 있어서 전화했어요

아침에 늦게 일어나서 정신없이 출근했어요. 뭔가 중요한 걸 빠트린 것 같아 찜찜했지만 그게 뭔지 도통 생각이 안 났어요. 그런데 오마이갓! 사무실에 와서야 생각나버렸네요. 중요한 자료들이 들어있는 USB를 책상 위에 두고 왔다는 무서운 사실을요. 등에서 식은땀이 주르륵 막막하더군요. 그때 한 사람의 얼굴이 팍 떠올랐어요. 바로 제 친구, 현재 취업준비로 집에 계시는 룸메이트 J군. 시계를 보니 오전 8시 30분, 그 친구가 한참 숙면을 취하고 있을 시간이었죠. 아니나 다를까 짜증 섞인 목소리로 전화를 받더군요. 전 다급한 목소리로 친구에게 SOS를 요청했어요. "부탁이 있어서 전화했어. 나 좀 살려줘~!" 친구의 도움으로 전 무사히 위기를 넘겼어요. 오늘따라 그 녀석이 어찌나 사랑스럽던지. 오늘의 문장은 "부탁이 있어서 전화했어요."로 골랐어요.

하루 10분 강의 듣고 감 잡기

>> I'm calling to ask you a favor.
[암 컬링 투 에스큐어f페이붜]

오늘의 문장처럼 전화상으로 부탁하는 경우도 있지만, 같이 있을 때 부탁하는 경우도 있잖아요. 그럴 땐 요렇게 말씀하시면 됩니다.
• 부탁 좀 해도 될까요? Can you do me a favor?[캐뉴 두미어 f페이붜]

하루 5분 | 영어표현 되새기기

Speak out!   5번 소리내어 따라하기 ☐ ☐ ☐ ☐ ☐

›› I'm calling / to ask you a favor.
저는 전화했습니다 / 당신한테 부탁 하나 하려고.

요런 상황에서 쓰여요!

A Hi. This is Daegun. Are you free now?
안녕, 나 대건이. 지금 시간 되냐?

B Yup. What's up?
응. 무슨 일 있냐?

A **I'm calling to ask you a favor.** Can you lend me some money tonight?
부탁이 있어서 전화했다. 니 오늘 밤에 나한테 돈 좀 꿔줄 수 있냐?

B How much do you need? 얼마 필요한데?

대건이의 야무진 TIP!

집에 뭔가 깜빡하고 놔두고 왔을 때, 어떤 중요한 부탁이 있을 때 유용한 표현이죠. 부탁은 영어로 favor라고 할 수 있어요. 부탁, 호의, 요청 정도의 의미를 가진 단어죠. 요 단어 떠올리셨나요?^^ 누구에게 부탁을 한다고 할 때는 'ask + 누구 + a favor'라고 할 수 있어요. '~하려고 전화했다'는 'I'm calling to + 동사원형'이라는 표현이 있지요. 자, 덩어리 가볼게요. 저는 전화했어요, I'm calling~ 부탁 하나 하려고, to ask you a favor 둘을 합치면요. I'm calling to ask you a favor.(부탁이 있어서 전화했어요.) 반드시 입으로 소리내어 따라 해주세요. 화이팅!

》 이 지폐 잔돈으로 바꿔줄 수 있나요?

요샌 동전을 쓸 일이 예전같이 많지는 않은 것 같아요. 공중전화도 별로 없고 웬만한 건 신용카드로 해결가능하고요. 물론 가끔 마트에 가서 카트를 빌릴 때 백 원의 소중함을 재발견하게 되지만요. 그런데 외국 여행을 다니다 보면 동전이나 잔돈을 바꿔야 할 일이 종종 있더군요. 짧은 여행이야 여기서 돈을 환전해가면 되지만 배낭여행이나 조금 길게 떠나는 여행인 경우에는 필요하죠. 이때 유용한 표현 "이 지폐 잔돈으로 좀 바꿔줄 수 있어요?"를 오늘의 문장으로 선택했어요. 만 원권, 오만 원권을 천 원짜리로 바꾼다거나 지폐를 동전으로 교환해야 할 때 유용하게 쓸 수 있는 표현이죠. '잔돈'을 뭐라 해야 할지 고민이 된다고요? 먼저 머릿속으로 10초 동안 만들어보시고요. 저와 함께 오늘의 문장 속으로 GoGo!

하루 10분 강의 듣고 감 잡기

》 Can you break this bill?
[캐뉴 브뤠익ㅋ 디스빌?]

동사 break 대신에 change를 써주셔도 좋지요. 단, change가 '명사'로 쓰이게 되면 '잔돈'이라는 뜻이 생긴다는 거 헷갈리지 마세요~
- 만 원짜리 좀 바꿔주실 수 있으세요? Can you change this 10,000 won please?
- 1달러 좀 잔돈으로 바꿀 수 있을까요? Can I have change for a dollar?

하루 5분 영어표현 되새기기

Speak out! 5번 소리내어 따라하기 ☐ ☐ ☐ ☐ ☐

Can you break / this bill?
바꿔줄 수 있으세요 / 이 지폐를?

요런 상황에서 쓰여요!

A **Can you break this bill?**
이 지폐 잔돈으로 좀 바꿔줄 수 있어?

B **Sorry, I don't have any.**
미안, 잔돈 없는데.

A **Alright. I'll ask somebody else, then.**
괜찮아. 딴 사람한테 물어보지 뭐.

B **Why don't you go to a bank right over there?**
저쪽에 있는 은행에 가보지 그래?

대건이의 야무진 TIP!

오늘의 문장에서 관건은 break일 것 같아요. 동사 break에는 무언가를 '깨부수다, 깨뜨리다'는 뜻이 있어요. 그런데 단위가 큰 지폐(bill)를 작은 단위의 돈으로 바꿀 경우 역시 break를 쓸 수 있답니다. break에 '지폐를 (동전 등으로) 바꾸다'는 뜻이 있거든요. 남에게 원가를 부탁할 때는 Can you~?를 쓸 수 있지요. 덩어리 정리해볼게요. 바꿔주실 수 있나요? Can you break? 뭐를요? 이 지폐를 this bill 합쳐볼까요? Can you break this bill?(이 지폐 잔돈으로 바꿔줄 수 있나요?) 5번 이상 큰소리로 외쳐주시고, 오늘의 문장 아무지게 챙겨가세요~!

›› 다음번에 갚을게요

Day 60

여자친구와 사귀기 전 그러니까 그녀와 막 만나기 시작했을 무렵의 일이예요. 블로그를 열심히 뒤적여 괜찮은 레스토랑으로 예약을 했죠. 약속장소에 먼저 와서 기다리고 재미없는 제 농담에도 리액션 빵빵 터뜨려주는 개념 있는 그녀와 즐거운 시간을 보냈어요. 그런데 식사 잘 마치고 계산하려는 찰나 주머니에 지갑이 없다는 것을 알게 됐어요. 와, 완전 막막하더군요! 주위를 두리번거리는데 거짓말처럼 과장님이 저쪽에서 식사중인 거예요. 정말 눈물이 핑 돌게 반갑더라고요. 그녀에게 화장실 간다고 하고 과장님께 가서 사정을 말씀드렸죠. 쿨한 우리 과장님 흔쾌히 카드를 빌려주신 덕분에 아직까지 그 소개팅녀와 잘 만나고 있어요. 오늘의 문장은 "다음번에 갚을게요."로 골랐어요. 은혜 꼭 갚겠습다, 과장님!

하루 10분 강의 듣고 감 잡기

›› I'll pay you back next time.
[알 페이유백ㅋ 넥스타임]

'넥스트 타임'이라고 발음하지 마시고 [넥스타임] 정도로 발음해주세요. 영어는 같은 자음이 반복되면 하나는 탈락하는 경우가 빈번하거든요. 아셨죠?^^

하루 5분 | 영어표현 되새기기

Speak out! 5번 소리내어 따라하기 ☐ ☐ ☐ ☐ ☐

❯❯ I'll pay you back / next time.
저는 (당신에게) 갚을 거예요 / 다음번에.

요런 상황에서 쓰여요!

A Oh my God. I didn't bring my wallet! How am I supposed to pay?
맙소사! 내 지갑 안 갖고 왔다. 계산 어예하노?

B It's okay. Let me treat you this time.
괜찮아. 이번에 내가 사지 뭐.

A I'm so sorry. I wanted to treat you tonight. **I'll pay you back next time.**
진짜 미안하데이. 오늘 저녁엔 내가 쏠라 그랬는데. 다음번에 꼭 갚을게!

대건이의 야무진 TIP!

동사 pay에는 '돈을 갚다'는 뜻이 있어요. '~할게요'라며 주어의 의지를 보여주는 표현 I'll~ 기억나시죠? I'll pay하면 '제가 (돈) 갚을게요'라는 의미가 됩니다. 그런데 빌린 돈을 되갚는 거잖아요. 그래서 뒤에 back을 살포시 부쳐준 거랍니다. 제가 (되)갚을게요. I'll pay you back. 언제요? 다음번에 next time 덩어리 합쳐볼게요. I'll pay you back next time. 확실히 기억하시겠죠? 뭔가 설욕을 다짐할 때 "다음번에 꼭 되갚아주겠어!"라고 말하잖아요. 은혜를 갚을 때뿐만 아니라 복수하겠다고 할 때도 오늘의 문장을 쓸 수 있어요.

• So, you scratched my car? I'll pay you back next time!
  (네가 내 차를 긁어놨다 이거지? 다음번에 꼭 갚아주겠어!)

SELF TEST

지금까지 배운 표현들, 한 번 말해 볼까요?

☞ 정답은 다음 페이지에

휴대폰 좀 진동으로 해주실래요?

목 안이 너무 간질간질해요.

얼굴 빨개지시네요. 당황했어요?

걸어갈 수 있는 거리에요.

그녀가 말한 정보 믿을만해요?

저 이거 할부로 샀어요.

여기가 시내로 가는 버스정류장 맞나요?

부탁이 있어서 전화했어요.

이 지폐 잔돈으로 바꿔줄 수 있나요?

다음번에 갚을게요.

Can you put your cellphone on vibrate?

My throat is very itchy.

Your face is turning red. Are you embarrassed?

It's within walking distance.

Is the information she said reliable?

I bought this in installments.

Is this the right bus stop for downtown?

I'm calling to ask you a favor.

Can you break this bill?

I'll pay you back next time.

그거 교환하지 그래요?

Day 61

계속되는 야식 때문인지 요새 살이 좀 붙은 것 같아요. 평소에는 전혀 의식하지 못했는데 옷을 입으니까 확실히 예전 같지 않더라고요. 특히 바지는 이러다 단추가 뜯기거나 지퍼가 폭발하는 불상사가 일어나지는 않을까 하는 불안감이……. 그래서 주말에 바지를 사러 옷가게에 갔죠. 아, 그런데 예전의 환상적인 바디라인이(강의할 때 상체밖에 안 보인다고 막 던집니다~ 헤헷^^*) 간 데 없고 뭘 입어도 2%, 아니 98% 부족하더군요. 이것저것 입어 보다가 포기하고 결국 점원이 권해주는 것으로 구입했습니다. 그런데 그 옷 입고 여자친구 만나러 갔더니 바지가 벙벙해서 더 뚱~해 보인다는 거예요. 색상도 베이지색이라 더 그런 듯 해요.ㅠㅠ 아무래도 한 사이즈 작은 걸로 교환하고 폭풍 다이어트에 돌입해야겠어요.
 오늘은 "그거 교환하지 그래요?"를 영어로 알려드릴게요. 먼저 머릿속으로 만들어보신 후 Follow me!

하루 10분 강의 듣고 감 잡기

Why don't you exchange it?
[와이런츄 익스체인짓ㅌ?]

'Why don't you+동사?'라고 하시면 '(동사)하지 그래요?'라는 뜻의 권유 표현이 되죠. 오늘의 문장은 이런 식으로 활용할 수 있어요.
- 너 피곤해 보여. 오늘은 좀 쉬지 그래? You look tired. Why don't you take a rest today?
- 저 식당 아늑해 보인다. 우리 저기 갈까? That restaurant look cozy. Why don't we go there?

하루 5분 | 영어표현 되새기기

Speak out! 5번 소리내어 따라하기 ☐ ☐ ☐ ☐ ☐

>> Why don't you / exchange it?
당신 ~하지 그래요 / 그것을 교환하는?

요런 상황에서 쓰여요!

A **Hey, I like your shirt and it looks new.**
야, 니 셔츠 좋아 보인다. 새것 같네.

B **I bought this yesterday but it is too tight for me.**
어제 샀는데 나한테 너무 쪼여.

A **Really? Then why don't you exchange it?**
맞나? 그럼 그거 교환하지 그라노?

B **I wish I could. I lost my receipt.**
그러고 싶지. 근데 영수증을 잃어버렸다.

대건이의 야무진 TIP!

'~하는 게 어때요?, ~하지 그래요?'와 같이 사람들에게 무언가를 권유하실 때 활용할 수 있는 표현으로 'Why don't you+동사?'가 있다고 했지요? '교환하다'는 영어로 exchange라고 하면 됩니다. '그것'을 교환하는 거니까 exchange it이죠. 요 느낌 그대로 살려서 덩어리 정리해볼게요. ~하는 게 어때요? Why don't you~? 뭐하는 거죠? 그걸 교환하는 것이요, exchange it 합치면요? Why don't you exchange it?(그거 교환하는 게 어때요?) 이해 가시죠? 5번만 큰 소리로 읽어주세요!

저 오늘 저녁에 회식 참석해야 해요

Day 62

오늘은 불금! 불타는 금요일입니다. 그런데 기분이 좋지마는 않네요. 저녁 때 친구들이랑 만나려고 계획 쫙 세워뒀는데, 회의 때 갑자기 오늘 저녁에 회식을 하기로 결정이 되었어요. 마음 같아서는 선약이 있어서 참석 못 하겠다고 말하고 싶었지만, 입사 1년차 신입 처지에 용기가 안 나더군요. 어쩔 수 없이 애들에게 카톡을 보냈죠. "정말 미안한데 우리 주말에 만나면 안 될까? 오늘 저녁에 회식 참석해야 해서ㅠㅠ" 친구들도 다들 비슷한 처지인지라 이해해주더군요. 오늘 저녁 무사히 살아남기 위해 숙취해소음료 원샷 해야겠어요. 저처럼 회식 때문에 선약을 취소하셨던 경험 한 번쯤 있으시죠? 오늘은 그런 상황에 쓰는 표현 "저 오늘 저녁에 회식 참석해야 해요."를 야무~지게 배워볼게요. 회식? 참석하다? 머릿속으로 10초 동안 먼저 만들어보시고 저와 함께 오늘의 문장으로 가시죠!^^

하루 10분 강의 듣고 감 잡기

미니 강의

I have to attend a staff dinner.
[아 햅투 어텐ㄷ 어 스태f프 디너ㄹ]

'전 ~해야 해요'라고 말할 때는 I have to~ 하시면 됩니다. 그러면 '~할 필요 없어요(~하지 않아도 돼요)'는 뭐라고 하면 될까요? 부정어 not을 활용해 I don't have to~입니다.
- 전 오늘 출근 안 해도 돼요. I don't have to go to work today.
- 내일 그 사람한테 점심 안 사도 돼요. I don't have to buy him lunch tomorrow.

하루 5분 | 영어표현 되새기기

Speak out!　　　　　　　　　　5번 소리내어 따라하기 ☐ ☐ ☐ ☐ ☐

» I have to attend / a staff dinner.
저는 참석해야 합니다 / 회식자리에.

요런 상황에서 쓰여요!

A　Why don't we go to a movie tonight?
　　우리 밤에 영화 보러 갈까?

B　Sorry, I have to attend a staff dinner.
　　미안, 나 회식 참석해야 된다.

A　Okay. We can go together next time.
　　아 맞나. 그럼 다음에 가지 뭐.

대건이의 야무진 TIP!

조동사 have to 뒤에 동사가 오면 '~해야만 한다'라는 뜻이 됩니다. have to 뒤에는 반드시 동사만 올 수 있다는 사실도 기억해주세요. '저는 ~해야 합니다'라면 I have to~ 하시면 되겠죠? '회식'이라는 것은 쉽게 말해서 부서 직원들끼리 하는 (주로 저녁)식사잖아요. 회식은 영어로 a staff dinner 혹은 a company dinner 정도로 표현해주시면 될 것 같아요. 어려운 부분은 없으니까 곧바로 덩어리 가볼게요. 저는 참석해야 해요. I have to attend~ 어디에요? 회식자리요. a staff dinner 한 덩어리로 조립해봅시다! I have to attend a staff dinner.(저 오늘 저녁에 회식 참석해야 해요.)

» 너희 잘 좀 지낼 수 없니?

Day 63

입이 가벼운 제 동생 기억나시죠?(Day 5) 어렸을 때 동생이랑 참 많이 싸웠던 것 같아요. 나이 차이가 별로 안 나서 둘이 친구처럼 잘 어울리다가도 장난감이나 과자 같이 사소한 것에 치고 받고 싸우곤 했죠. 그때마다 부모님은 "야들아, 느그 잘 좀 지낼 수 없겠나?!" 하시며 벌을 세웠고요. 그런데 이제 나이가 들어 그런지 동생이랑 싸울 일도 없네요. 가끔 저의 비밀을 쪼르르 엄마에게 고자질할 때는 조금 얄밉지만, 이 세상에 동생이 있다는 사실이 참 든든하더라고요. 그래서 나중에 결혼하면 적어도 둘 이상은 낳으려고요. 그 녀석들도 저희들처럼 자주 싸우곤 할까요?^^;
 오늘의 문장은 "너희 잘 좀 지낼 수 없니?"입니다. 머릿속으로 먼저 문장 만들어보시고 저와 함께 오늘의 강의로 가보시죠! Let's go!

하루 10분 강의 듣고 감 잡기

미니 강의

» Can't you guys get along?
[캔츄 가이즈 게럴렁?]

get along을 발음하실 때는 '겟얼롱'보다는 [게럴렁] 정도로 발음해주시는 게 자연스러워요.
툭하면 싸우는 사람들과 반대로 '처음부터 죽이 잘 맞았다'는 어떻게 말할 수 있을까요?
• 우리는 처음부터 죽이 잘 맞았어요. We hit it off from the beginning.

하루 5분 | 영어표현 되새기기

Speak out!   5번 소리내어 따라하기 ☐ ☐ ☐ ☐ ☐

>> Can't you guys / get along?
너희 ~할 수 없니 / 잘 지내다?

요런 상황에서 쓰여요!

A Can you come to my house? I had an argument with my girlfriend.
니 우리 집에 좀 올래? 여자친구랑 말다툼했어.

B Again? **Can't you guys get along?**
또? 너희 잘 좀 지낼 수 없나?

A She started first this time!
이번엔 걔가 먼저 시작했어!

B Okay. I'll be right there.
알았다. 내 거기로 곧 갈게.

대건이의 야무진 TIP!

'잘 지내다'라는 뜻의 표현으로 get along이 있어요. you guys는 '너희' 정도의 의미입니다. guys가 있지만 꼭 남자만을 의미하는 것은 아니고, 일반적인 사람들을 지칭한다는 것도 챙겨가세요. 'Can you guys+동사?'는 '너희 (동사)할 수 있니?'라는 의미입니다. 그럼 'Can't you guys+동사?'는 무슨 뜻일까요? '너희 (동사)하면 안 되겠니?' 정도의 뉘앙스를 갖는 표현입니다. 덩어리 정리해볼게요. 너희 ~할 수 없니? Can't you guys~? 잘 지내는 거 말이야. get along 합치면 Can't you guys get along?(너희 잘 좀 지낼 수 없니?)

›› 배에서 꼬르륵 소리가 나요

Day 64

말도 살이 찐다는 천고마비의 계절 가을…도 아닌데 왜 이렇게 배가 고픈 걸까요? 끼니를 부실하게 챙겨먹은 게 아니냐고요? 무슨 그런 서운한 말씀을요. 아까 점심 때 볶음밥 두 접시 뚝딱 해치워놓고 아직 2시간도 채 안 흘렀는걸요. 그런데 조용한 사무실에서 옆 사람이 듣고 쳐다볼 정도로 배에서 꼬르륵 대는 소리가 우렁차게 납니다. 아무래도 저의 위장은 치매에 걸렸나 봅니다. 보다 못한 옆자리 동료가 천하장사 소시지 하나를 건네주네요. 이렇게 사람들이랑 같이 있는데 배에서 꼬르륵 소리가 나면 민망하시죠? 오늘의 문장은 "배에서 꼬르륵 소리가 나요."입니다. 영어로는 어떻게 표현할까요? 꼬르륵? 감이 안 오신다고요? 그래도 일단 10초 동안이라도 머릿속으로 먼저 생각해보신 다음 출발해주세요~!

하루 10분 강의 듣고 감 잡기

미니 강의

›› My stomach is growling.
[마이 스따믹 이즈 그롸울링]

배(뱃속)를 나타내는 stomach은 sto-에 강세를 넣어 [스따믹] 정도로 발음하세요. growling은 '으르렁거리는'이란 뜻으로 사자나 호랑이가 으르렁거릴 때 나는 소리처럼 가운데 r발음을 제대로 내서 [그롸울링] 정도로 해주시면 돼요.

하루 5분 영어표현 되새기기

Speak out!　　　　　　　　　　5번 소리내어 따라하기 ☐ ☐ ☐ ☐ ☐

» My stomach is / growling.
제 배에는 ~입니다 / 꼬르륵거리는.

요런 상황에서 쓰여요!

A　I can't believe it!
　　　믿을 수가 없다!

B　What do you mean?
　　　뭔 소리야?

A　I had lunch an hour ago but **my stomach is growling now.** 한 시간 전에 점심 먹었는데 지금 뱃속에서 꼬르륵거린다.

B　Maybe you didn't have enough food.
　　　양에 덜 차게 먹었나 보네.

대건이의 야무진 TIP!

배가 고프다고할 때의 배는 뱃속, 위(胃)를 의미합니다. stomach이 바로 '뱃속, 위'를 의미하는 단어이죠. growling은 으르렁거린다는 의미이고요. 뱃속에서 으르렁거리는 거니까 우리말의 '배에서 꼬르륵 소리가 난다'는 의미가 되는 거죠. 간단하니까 곧바로 덩어리 들어갈게요. 제 배는 ~입니다. My stomach is~ 어떻다고요? 꼬르륵거려요(아주 울부짖고 있죠). growling 합치면 My stomach is growling.(배에서 꼬르륵 소리가 나요.) 비슷한 표현으로 I'm starving to death.(나 배고파 죽을 거 같아.)가 있습니다. starving이라는 단어 자체가 '굶주리는' 정도의 의미가 있거든요. 죽을 만큼(to death) 굶주리는(starving) 거니까 배고파 죽겠다는 뜻이 되겠죠? 요것까지 야무지게 챙겨가세요.

》 제가 배송료 내야 하나요?

Day 65

저는 세상에서 제일 아까운 돈이 주차비랑 배송료 같아요. 주차비야 평소 제가 대중교통을 이용하고 업무로 차를 쓸 때는 회사에서 주차비 지원을 받으니 괜찮은데 문제는 배송료죠. 온라인 쇼핑할 때 배송료 2천5백 원이 아까워 몇 만원씩 채워 물건을 구입한 경험 있으시죠? 사실 지나고 보면 배송료 내고 필요한 것만 구입하는 게 나았을 것 같지만 막상 배송료를 내려고 하면 왜 이렇게 아까운 건지…^^* 어제는 평소 제가 읽고 싶었던 책을 한 권 구입하려고 인터넷 서점에 들어갔어요. 책값이 쿠폰 적용하니 9천 원이더군요. 1만 원부터 무료배송이라는 문구에 한 권 더 골랐죠. 그런데 5만 원 이상 구입 시 주는 상품이 탐나는 거예요. 결국 책을 5만 원 어치 사버렸다는……. 오늘부터 뱃살이 아닌 지식을 살찌워보려고요. "제가 배송료도 내야 하나요?"를 오늘의 문장으로 골라봤습니다. 영어로 말해볼까요?

하루 10분 강의 듣고 감 잡기

》 Should I pay for the delivery?
[슈라이 패이 f포더 딜리버뤼?]

should I는 연음시켜 [슈라이] 정도로 발음해주세요. "배송료 포함인가요?"라고 묻는 경우에는 요렇게 말씀하시면 됩니다.
- Is the delivery included? [이즈 더 딜리버뤼 인클루릿?]

하루 5분 | 영어표현 되새기기

Speak out!   5번 소리내어 따라하기 ☐ ☐ ☐ ☐ ☐

›› Should I pay / for the delivery?
제가 지불해야 하나요 / 배송료로?

요런 상황에서 쓰여요!

A YES24 Service Center, how may I help you?
예스24 서비스센터입니다. 무엇을 도와드릴까요?

B I'm going to order some books online. So I have a question. 온라인으로 책 좀 주문하려고 하는데요. 여쭤볼 게 있어서요.

A Alright. What's that? 네. 말씀해주시겠습니까?

B My order will be more than 50,000won. **Should I pay for the delivery?** 5만 원 이상 주문할 것 같은데요. 제가 배송료를 내야 하나요?

A No, you shouldn't. We'll pay for it.
아뇨, 그러실 필요 없습니다. 저희가 지불할 겁니다.

대건이의 야무진 TIP!

배송료는 다시 말해서 물건 배달에 필요한 돈입니다. '배달'하면 delivery가 딱 떠오르잖아요. 오늘의 문장에서 결정적인 표현이 바로 delivery입니다. 그리고 돈을 지불한다고 할 때는 동사 pay를 써주시면 됩니다. 무언가에 대해 돈을 지불할 경우에는 목적, 용도의 전치사 for만 붙여주시면 됩니다. pay for 요렇게요. 자, 덩어리로 묶어볼까요? 제가 지불해야 하나요? Should I pay? 어떤 용도로요? 배송료로 for the delivery 합쳐봅시다. Should I pay for the delivery?

›› 밥 먹을 시간도 거의 없어요

Day 66

　중요한 프로젝트 때문에 요즘 야근이 생활이 되었어요. 뭐 제가 좋아서 하는 일이니까 몸은 좀 고되지만 참고 견딜만해요. 다만 바쁘니까 제대로 밥을 챙겨 먹을 시간이 없다는 것은 속상하네요. 매일 김밥, 햄버거로 대충 때우다보니 속도 안 좋고 그나마도 시간이 없을 땐 챙겨 먹기도 힘들고요. 이대로는 안 되겠다 싶어 야쿠르트 아주머니한테 장까지 살아서 가는 비피더스 유산균이 들어있는 야쿠르트 한 병씩 주문할까 합니다. 제 몸은 소중하니까요! 여러분, 늘 바쁘게 돌아가는 세상에 맞춰서 살다보니 끼니도 제때 못 챙겨 먹는 경우가 허다하시죠?
오늘은 "밥 먹을 시간도 거의 없어요."라는 표현을 준비해봤어요. 밥 먹을 시간이라… time to eat? 틀려도 상관없으니 머릿속으로 꼭 먼저 만들어보시고 시작하겠습니다. 고고고!

하루 10분 강의 듣고 감 잡기

미니 강의

›› **I barely have time to eat.**
[아이 베얼리 햅타임 투이-ㅌ]

뒤에 to eat 부분만 살짝 바꿔주시면 다양하게 활용하실 수 있어요.
- 저는 공부할 시간이 거의 없어요.　I barely have time to study.
- 저는 운동할 시간이 거의 없어요.　I barely have time to work out.
- 우리 남편은 TV 볼 시간이 거의 없어요.　My husband barely has time to watch TV.

하루 5분 영어표현 되새기기

Speak out!   5번 소리내어 따라하기 ☐ ☐ ☐ ☐ ☐

›› I barely have time / to eat.
저는 거의 시간이 없어요 / 밥 먹을.

요런 상황에서 쓰여요!

A Hey, Daegun. It's been so long since the last time we met! How's everything?
야, 대건아! 마지막에 본 후로 진짜 오랜만이네. 요즘 어떻노?

B Oh, Taehun. **I barely have time to eat.** I'm so busy these days. 아, 태훈이구나. 요새 밥 먹을 시간도 거의 없다. 요새 정말 바쁘네.

A Really? 그래?

B Yeah. I started my new business a month ago so it's pretty hectic.
어. 한 달 전에 사업 하나 새로 시작했더니 굉장히 정신없다.

대건이의 야무진 TIP!

오늘의 문장에서 키워드는 barely가 되겠네요. 이 단어가 무슨 뜻이냐고요? '거의 ~없이'라는 부정의 의미를 가진 부사입니다. 시간이 아주 없는 게 아니라 '거의' 없는 거니까 don't have time이 아니라 barely have time이라고 해주셔야 되는 거죠. 이제 덩어리 가볼까요? 저는 거의 시간이 없어요. I barely have time. 무엇을 위한 시간? 밥 먹을 (시간) to eat 합쳐볼게요. I barely have time to eat.(밥 먹을 시간도 거의 없어요.)

밀린 잠이나 좀 자려고요

Day 67

기나긴 야근이 끝나고 모처럼 맞는 휴일입니다. 하지만 밥솥에 갓 지은 따끈~한 밥은커녕, 언제 해놨는지 가늠할 수도 없을 만큼 바짝 말라붙은 밥 한 덩이 정도만 남아있네요. 크흑. 결혼하면 마눌님이 "고생했어요, 여보. 얼른 씻고 오세요. 밥 차려놨어요. 고기반찬~" 요렇게 챙겨줄 텐데……. 흑~ 그냥 잠이나 더 자야겠다고 생각하던 찰나 같이 사는 친구한테 카톡이 왔네요. '집이냐, 뭐해? 당구나 치러 갈래?' 평소 같으면 바로 '콜'이었겠지만, 피곤에 쩔어있던 터라 이렇게 답해줬죠. '나 야근하고 막 들어왔어. 잠 좀 자려고. 당구는 나중에~'

오늘의 문장은 "밀린 잠이나 좀 자려고요."랍니다. 영어로는 어떻게 표현할까요? '잠'이란 말이 나오니까 sleep이 들어가는지 한번 확인해 볼까요? 아참, 머릿속으로 먼저 문장 만들어보는 거 잊지 마시고요~!

하루 10분 강의 듣고 감 잡기

I'm going to catch up on my sleep. [암거잉투 캐쳐쁜 마이슬립]

미니 강의

- catch up on (~을 따라잡다, 만회하다)은 발음하실 때 '캐치 업 온' 하지 마시고 [캐쳐쁜] 요렇게 발음하시면 훨씬 더 자연스럽게 들릴 거예요. 진도나 커리큘럼 등을 따라잡는다고 할 때도 이 표현을 활용할 수 있어요.
  - 나 밀린 책 읽기 좀 해야겠어. I need to catch up on my reading.
  - 그녀는 밀린 서류업무를 해야 해요. She needs to catch up on her paperwork.

하루 5분 | 영어표현 되새기기

Speak out! 5번 소리내어 따라하기 ☐ ☐ ☐ ☐ ☐

❯❯ I'm going to / catch up on my sleep.
저는 ~할 거예요 / 밀린 잠을 만회하는 거.

요런 상황에서 쓰여요!

A Hey, Daegun. What are you doing now? Are you free today? 야, 대건아. 너 지금 뭐하는데? 오늘 쉬나?

B I just came back home. I stayed up all night at work. 이제 막 집에 왔다. 회사에서 밤새웠거든.

A Really? I thought you might want to hang out with me. 진짜? 같이 놀러갈까 생각했더니만.

B Sorry. **I'm** just **going to catch up on my sleep.** 미안. 그냥 밀린 잠이나 잘란다.

대건이의 야무진 TIP!

오늘의 문장에서는 포인트가 두 군데입니다. 첫 번째는 앞덩어리에 나온 조동사 be going to입니다. '~할 것이다'는 주어의 계획을 나타내죠. '내가 ~하겠다'고 할 때는 I'm going to~ 혹은 간단히 I'm gonna~라고 해주시면 됩니다. 두 번째 포인트는 catch up on입니다. 밀린 잠을 잔다는 말을 영어로 할 때는 '~을 따라잡다, 만회하다'라는 의미의 catch up on으로 표현할 수 있죠. 덩어리 살펴볼게요. 저는 ~할 거예요. I'm going to~ 뭐할 건데요? 밀린 내 잠을 만회하는 거요. catch up on my sleep 합쳐볼게요. I'm going to catch up on my sleep.(저는 밀린 잠을 잘 거예요.)

》 너 정말 확 튀겠는데?

내일은 제 생일파티가 있는 날이에요. 어릴 적에는 파티는커녕 미역국도 안 챙겨먹고 대충 보냈는데 나이가 들수록 아쉽더라고요. 조금만 노력하면 친구들과 재밌는 추억거리를 만들 수 있으니까요. 그래서 올해 생일파티에도 친구들을 초대했어요. 먹을 것은 대충 준비했는데 뭔가 재밌는 이벤트를 하고 싶더군요. 그래서 친구들에게 큰 웃음을 줄 수 있는 옷을 입기로 했습니다. 노홍철도 울고 갈 반짝이 바지에 털자켓이죠. 같이 사는 친구 녀석이 제 모습을 보더니 "음… 괜찮겠냐? 그거 입으면 정말 확 튀겠는데?"라네요. 좀 부끄럽긴 하겠지만 모두에게 즐거움을 줄 수 있다면…^^*
오늘의 문장은 "너 정말 확 튀겠는데?"입니다. 영어로는 어떻게 표현할 수 있을까요? 꼭 여러분 스스로 한 번씩 문장 만들어보시고 시작하겠습니다.
Are you ready? Go!

하루 10분 강의 듣고 감 잡기

》 You're really going to stand out.
[유아 륄리 거잉투 스땐 다웃ㅌ]

튀는 것은 무리에서 눈에 두드러지는 거잖아요. '눈에 띈다, 두드러진다' 정도의 표현으로 stand out이 있습니다. stand out은 -d 발음과 out을 붙여서 [스땐 다웃ㅌ] 정도로 발음해주세요.

하루 5분 | 영어표현 되새기기

Speak out!　　　　　　　　　　　　5번 소리내어 따라하기 ☐ ☐ ☐ ☐ ☐

›› You're really going to / stand out. 당신은 정말 ~일 거예요 /눈에 띄다.

요런 상황에서 쓰여요!

A Wow, you're so dressed up today. What's the occasion? 와, 니 오늘 완전 차려입었네. 뭔 일인데?

B I'm going to Mr. Kim's farewell party. How do I look?
김 과장님 송별회 가는 중이거든. 내 어떻노?

A So you're wearing a fur jacket to a farewell party, huh? **You're really going to stand out!**
그러니까 송별회에 털자켓을 입고 가겠다는 거지? 니 완전 확 튀겠는데!

B Haha. It's okay. This is the way I am!
하하. 괜찮아. 이게 내 스타일 아니겠나!

대건이의 야무진 TIP!

서 있는데(stand) 혼자 무리의 밖(out)에 있다고 생각해보세요. 그 사람만 눈에 확 뛰겠죠? stand out(눈에 확 띈다, 두드러진다)은 요렇게 이해하시면 좋을 것 같네요. 그리고 '~일 것 같다' 정도의 뉘앙스를 가진 조동사 be going to까지 아무~지게 활용해주시면 오늘의 문장을 완성할 수 있습니다. 덩어리 들이가볼까요? 당신은 정말 ~일 거예요. You're really going to~ 어떨 거라고요? 눈에 확 띈다고요. stand out 합쳐볼게요! You're really going to stand out.(너 정말 확 튀겠는데?)

>> 저 손가락에 물집 생겼어요

Day 69

어릴 적부터 부모님께서 '자고로 악기 하나쯤은 다룰 줄 알아야 한다'고 말씀하셨어요. 하지만 27년 동안 제가 다룰 수 있는 악기라고는 바이엘 상 권만 살짝 건드린 피아노와 초등학교 음악시간에 불었던 리코더가 고작이었죠. 그런데 요즘 TV 오디션 프로그램에 기타 들고 노래하는 사람들을 보니 멋있더라고요. 제가 한번 꽂히면 파고드는 스타일이라 중고기타를 하나 장만해서 열심히 독학 중이에요. 그런데 요 며칠 기타 줄을 튕기려니까 손가락이 너무 쓰라린 거예요. 손가락에 물집이 잡혔더라고요. 뭔가를 얻으려면 반드시 그에 대한 대가가 따르나봐요.
 오늘의 문장은 "저 손가락에 물집 생겼어요."입니다. 이 문장 영어로는 어떻게 표현할 수 있을까요?

하루 10분 강의 듣고 감 잡기

미니 강의

>> I got a blister on my finger.
[아이 가러 블리스터 언마이 f핑걸]

물집이 생겼을 때처럼 피부에 뭐가 났을 때 쓰는 표현 몇 가지 더 알려드릴게요.
- 여드름이 났어요. I've got pimples.
- 얼굴에 뾰루지가 하나 생겼어요. I have a rash on my face.

하루 5분 영어표현 되새기기

Speak out!   5번 소리내어 따라하기 ☐ ☐ ☐ ☐ ☐

» I got a blister / on my finger.
저는 물집이 생겼어요 / 제 손가락에.

요런 상황에서 쓰여요!

A Hey, are you alright? You just poured hot water on your hand! 야, 너 괜찮니? 어떻게 손에다 팔팔 끓는 물을 부을 수 있냐!

B Geez. **I got a blister on my finger.** It really hurts. 젠장. 손가락에 물집 잡혔네. 진짜 아프다.

A Don't you have to go to the hospital? 병원 가야 하는 거 아니가?

A It isn't that bad. Let me go find some ointment for burns. 그렇게 심하진 않은 거 같다. 화상 연고 좀 찾아볼게.

대건이의 야무진 TIP!

오늘 문장의 포인트는 역시 '물집'의 영어표현이겠죠? 물집은 영어로 blister입니다. 물집이 '잡혔다'고 할 때 동사는 get이 어울린다는 것도 한 덩어리로 잡아가세요! 물집이 '생긴' 건 이미 지나간 일이니까 get의 과거형 got이 쓰였어요. 손가락 위에 생긴 거니까 '~의 위에'라는 뉘앙스의 전치사 on까지 활용한다면 오늘의 문장은 문제없이 완성되겠네요. 곧바로 덩어리 정리해봅시다. 저는 물집이 생겼어요. I got a blister. 어디에요? 제 손가락(위)에 on my finger 합치면요? I got a blister on my finger. 전 이 표현을 짐캐리 주연의 영화 <예스맨>에서 처음으로 접했답니다. 이번 주말 <예스맨> 한 번 보시면서 이 표현이 실제로 어떻게 활용되는지 확인해보시면 어떨까요?

» 거스름돈 잘못 주셨어요

70 Day 70

모처럼의 휴일, 먹을거리를 사러 편의점에 갔어요. 도시락 하나, 김밥 한 줄, 사이다, 그리고 TV 볼 때 마실 맥주와 땅콩을 집어 계산대에 올려뒀죠. "만 2천 원입니다. 2만 원 받았습니다." 그렇게 계산하고 나오는데 어라? 뭔가 느낌이 이상하더군요. 아니나다를까 8천 원이 아니고 4천 원이더라고요. 아르바이트생이 천원 한 장을 5천 원권 지폐로 착각한 모양입니다. 바로 들어가서 말하고 잔돈 받아서 나왔습니다. 평소 습관처럼 받은 돈을 확인 안 하고 그냥 지갑에 넣었더라면 아까운 4천 원을 날릴 뻔했네요. 앞으로는 거스름돈 무조건 확인하는 습관을 가져야겠어요. 여러분도 거스름돈 잘못 받은 경험 한 번쯤 있으시죠? 오늘의 문장은 "거스름돈 잘못 주셨어요."로 준비해봤습니다. '거스름돈'이 영어로…? 먼저 머릿속으로 문장 만들어보시고요. 지금부터 같이 배워볼게요!

하루 10분 강의 듣고 감 잡기

미니 강의

» You gave me the wrong change.
[유게입미 더룅 체인쥐]

'거스름돈, 잔돈'은 change입니다. 택시에서 내리면서 "잔돈은 괜찮습니다."라고 하시는 경우에는 동사 keep(간직하다, 가지고 있다)과 함께 이렇게 말해보세요.
• 잔돈은 괜찮습니다. Keep the change.

하루 5분 영어표현 되새기기

Speak out! 5번 소리내어 따라하기 ☐ ☐ ☐ ☐ ☐

›› You gave me / the wrong change.
당신은 주셨어요 저한테 / 틀린 거스름돈을.

요런 상황에서 쓰여요!

A Here's your change.
   잔돈 여기 있습니다.

B Thanks. Um... Excuse me? I think **you gave me the wrong change.**
   감사합니다. 어… 저기요. 거스름돈 잘못 주신 거 같은데요.

A Really? Let me see. Oh, you're right. Sorry.
   네? 어디 보자. 아, 그러네요. 죄송합니다.

대건이의 야무진 TIP!

'바꾸다, 변화(하다)'로 우리에게 친숙한 단어 change는 '거스름돈, 잔돈'이란 의미로도 쓰입니다. 거스름돈을 주긴 했는데 제대로 준 게 아니라 틀린 금액을 준 거죠. '틀린, 잘못된'이란 뜻의 형용사 wrong, 떠올리셨나요? 나머지는 어려운 부분 없으니까 덩어리 바로 정리해볼게요. 당신은 줬어요/ 저한테 You gave me~ 뭐를요? 틀린 거스름돈을 the wrong change 이제 덩어리 합쳐볼까요? You gave me the wrong change.(거스름돈 잘못 주셨어요.) 이해 가시죠? 5번 이상 힘차게 내뱉어주세요. 지금이요!

164

SELF TEST
지금까지 배운 표현들, 한 번 말해 볼까요?

☞ 정답은 다음 페이지에

그거 교환하지 그래요?

저 오늘 저녁에 회식 참석해야 해요.

너희 잘 좀 지낼 수 없니?

배에서 꼬르륵 소리가 나요.

제가 배송료 내야 하나요?

밥 먹을 시간도 거의 없어요.

밀린 잠이나 좀 자려고요.

너 정말 확 튀겠는데?

저 손가락에 물집 생겼어요.

거스름돈 잘못 주셨어요.

Why don't you exchange it?

I have to attend a staff dinner.

Can't you guys get along?

My stomach is growling.

Should I pay for the delivery?

I barely have time to eat.

I'm going to catch up on my sleep.

You're really going to stand out.

I got a blister on my finger.

You gave me the wrong change.

이거 덜 익었어요

Day 71

여자친구랑 데이트하면서 초반에 패밀리 레스토랑에 자주 갔었어요. 가격은 부담스럽지만 분위기도 좋고 초반엔 어쨌거나 잘 보여야 하니까요. 하루는 스테이크를 주문했는데 제가 평소 바짝 익힌 걸 좋아하거든요. 하지만 왠지 바짝 익힌 well-done보다는 medium-rare로 주문하는 게 있어 보일 것 같아 그걸로 주문했죠. 잠시 후 스테이크가 나왔고 마음 같아선 돈가스 먹듯이 한 번에 숭숭 썰어놓고 먹고 싶었지만 교양 있게 한 조각 썰었죠. 헐~ 그런데 시뻘건 피가 뚝뚝 떨어지는 거예요. 입에 넣었더니 물컹한 게 도저히 먹을 자신이 없어 결국 쪽팔림을 무릅쓰고 바짝 익혀 먹었어요.
 오늘은 "이거 덜 익었어요."라는 표현을 배워보아요.^^ 영어로는 어떻게 표현할까요? 덜 익었다? not done? 반드시 스스로 만들어보시고요. 바로 아래에서 확인해보겠습니다!

하루 10분 강의 듣고 감 잡기

>> This is undercooked.
[디스 이즈 언덜쿡ㄷ]

덜 익었을 때는 형용사 undercooked를 쓸 수 있어요. 그렇다면 너무 익었을 때는 뭐라고 할까요? 네, overcooked로 표현할 수 있죠. over에 '지나친'이라는 뉘앙스가 있거든요.
• 이거 너무 익었네요.　This is overcooked.

하루 5분 영어표현 되새기기

Speak out! 5번 소리내어 따라하기 ☐ ☐ ☐ ☐ ☐

» This is / undercooked.
이건 ~이네요 / 요리가 덜 된(덜 익은).

요런 상황에서 쓰여요!

A Excuse me. My steak **is undercooked**.
저기요. 제 스테이크가 덜 익었어요.

B Really? Oh I'm so sorry. I'll take care of it.
아, 그렇습니까? 정말 죄송합니다. 처리해드리겠습니다.

A Thanks. I'd like my steak welldone, please.
고맙습니다. 스테이크는 웰던으로 부탁할게요.

B No problem, ma'am.
알겠습니다. 고객님.

대건이의 야무진 TIP!

문장이 너무 쉽다고요? 네, 오늘은 포인트가 되는 단어 undercooked만 알면 간단하게 완성할 수 있어요. 고기가 덜 익었다는 것은 다시 말해 조리가 덜 되었다는 말이잖아요. 그래서 형용사 undercooked를 써줄 수 있죠. 이것은 ~입니다. This is~ 이것의 상태가 어떻다고요? 요리가 덜 된 상태! undercooked 합쳐볼까요? This is undercooked.(이거 덜 익었어요.) be동사 뒤에는 명사나 형용사가 어울린다는 것도 같이 기억해주시고요~

168

» 하루에 커피 몇 잔 마셔요?

Day 72

음, 향기로운 스멜~ 역시 아침에는 모닝커피 한 잔 마셔줘야 하루를 제대로 시작하는 느낌이에요. 제가 커피를 마시기 시작한 것은 사실 얼마 안 되었어요. 주변에서 아메리카노니 뭐니 마실 때 '저렇게 쓴 걸 왜 마시나' 생각했었으니까요. 그런데 어느 날 회사동료가 뽑아준 자판기 커피 한 잔을 마셔보니 요게 넘 달달하니 맛있더라고요. 그때부터 하루 한 잔씩 커피믹스를 타 마시다가 자연스레 커피전문점 에스프레소까지 섭렵하게 되었죠. 예전엔 커피의 각성효과 때문에 졸릴 때 마셨다면 이제는 커피가 하나의 문화가 된 것 같아요. 시내에는 거의 한 블록에 하나씩 커피전문점이 있으니까요. 여러분은 커피를 하루에 몇 잔 정도 드시나요? 오늘의 문장은 "하루에 커피 몇 잔 마셔요?"입니다. 머릿속으로 만들어보셨나요? 자, 그럼 출바~알!

하루 10분 강의 듣고 감 잡기

» How many cups of coffee do you drink a day?
[하우 매니 컵썹 커피 두유 쥬륑크 어 데이?]

coffee는 f발음 제대로 해주세요. 안 그러면 copy로 들릴 수 있거든요. drink는 '드링크'가 아니라 [듀륑크/쥬륑크]라고 발음해주세요. dr사운드는 [듀] 또는 [쥬]로 소리 나거든요. 커피 말고 차를 몇 잔 마시는지 궁금하다고요? 그럴 땐 coffee만 tea로 살짝 바꿔주세요.
• 하루에 차 몇 잔 마시나요? How many cups of tea do you drink a day?

하루 5분 | 영어표현 되새기기

Speak out! 5번 소리내어 따라하기 ☐ ☐ ☐ ☐ ☐

» How many cups of coffee / do you drink a day?

얼마나 많은 잔의 커피를 / 당신은 마시나요 하루에?

요런 상황에서 쓰여요!

A Hey, I think I saw you drink coffee in the morning. You're drinking again?
야, 아침에도 커피 마시는 거 본 거 같은데, 니 또 마시나?

B Yup. I thought I might need some more caffeine.
어. 카페인이 좀 더 필요한 거 같아서.

A Now I'm curious. **How many cups of coffee do you drink a day?** 갑자기 궁금해졌는데 말이야. 하루에 커피 몇 잔 마시노?

B I have 2 or 3 cups on average. 평균 두세 잔쯤 마신다.

대건이의 야무진 TIP!

몇 잔의 커피를 마시는지 빈도를 묻는 것이니까 How many cups of coffee 요런식으로 표현하시면 돼요. '마시다'라는 동사가 drink인 것은 아시죠? '하루에' 마시는 양을 묻는 것이므로 문장 제일 뒤에에 a day를 붙여주시면 어려운 부분은 모두 해결! 만약에 일주일에 몇 잔 마시는지 물어본다면 a day 대신에 a week를 넣어주시면 되겠죠. 자, 그럼 감 잡으셨다고 믿고 덩어리 정리 가보겠습니다! 몇 잔의 커피를 How many cups of coffee 마시나요/하루에? do you drink a day? 이제 합쳐볼게요. How many cups of coffee do you drink a day?

》 전 정말 음치예요

73 Day 73

만년 부서의 막내일 줄 알았는데 얼마 전 제 밑으로 인턴사원이 들어왔어요. 막내에서 탈출한 것도 기쁜데 싹싹하고 성실한 친구라서 최선을 다해 가르쳐주리라 결심했죠. 문서 작성 등 업무는 물론이고 커피 맛있게 타는 법, 휴지통 빨리 비우는 법까지 아낌없이 전수 중이에요. 어제는 신입사원이 입사한 기념으로 회식을 가졌어요. 1차는 고깃집에서 하고 2차로 노래방을 갔는데 갑자기 인턴사원의 얼굴이 어두워지더군요. 이유를 물어보니 자기가 정말 노래를 못한다는 거예요. 뭐 노래방에 오면 으레 하는 말이잖아요. 그래서 잘할 수 있다 격려하고 그의 두 손에 마이크를 쥐어줬죠. 그런데 헉! 그냥 한 말이 아니었어요~ 박자 음정 무시한 음치계의 진정한 지존이셨던 거예요. 그래도 막춤까지 추며 끝까지 최선을 다한 신입사원 덕분에 분위기 만은 최고였네요. 오늘의 문장은 "전 정말 음치예요."로 골라봤습니다.

하루 10분 강의 듣고 감 잡기

》 I'm really tone-deaf.
[암륄-리 턴-데f프]

tone-deaf는 '음치의, 음감이 없는'이라는 뜻의 형용사입니다. 네? 음치가 아니시라고요? "저는 음치가 아니예요."라고 부정하실 때는 I'm not tone-deaf!라고 해주시면 됩니다.

하루 5분 | 영어표현 되새기기

Speak out!　　　　　　　　　　5번 소리내어 따라하기 ☐ ☐ ☐ ☐ ☐

» I'm really / tone-deaf.
저는 정말로 ~입니다 / 음치인.

요런 상황에서 쓰여요!

A　Did you hear that we will have a staff dinner today?
　　오늘 회식 있을 거라는 얘기 들었어요?

B　I did. Ugh, I don't like staff dinners.
　　네. 아, 회식 싫은데.

A　Why? We can eat a lot of delicious food for free and have fun at a Karaoke.
　　왜요? 맛있는 음식도 공짜로 실컷 먹을 수 있고 노래방에서 신나게 놀 수도 있는데요.

B　I don't like going to a singing room! **I'm really tone-deaf.** I'm pretty sure I will be embarrassed tonight.
　　노래방 가는 게 싫거든요! 저 정말 음치예요. 오늘 밤에 완전 민망해질 것 같아요.

대건이의 야무진 TIP!

우리말의 음치에 해당하는 영어표현으로 tone-deafness가 있습니다. 형용사로는 tone-deaf이고요. tone에는 '음조, 음색'이라는 뜻이 있고 deaf는 '귀머거리(의)'를 말하잖아요. '음을 구별하는 귀가 멀었다' 즉, 음감이 없다는 거니까 음치라는 의미가 되는 거죠. 형용사니까 be동사가 따라와야겠죠? "난 행복해."라고 할 때 I happy가 아니라 I'm happy인 것처럼요. 자, 그럼 덩어리 정리해볼까요? 저는 정말로 ~입니다. I'm really~ 어떤데요? 음치예요. tone-deaf 덩어리 합쳐보면요? I'm really tone-deaf.(저는 정말로 음치예요.)

추워서 손에 감각이 없어요

Day 74

올 겨울은 유난히도 추운 것 같아요. 날씨가 추우니 어디 나가기도 귀찮고 휴일에는 그냥 전기장판 켜놓고 뜨끈뜨끈한 데서 허리 지지면서 늘어지게 잠이나 자고 싶네요. 그런데 오늘은 집에서 김장하러 오라는 호출이 와서 추운 날 배추를 씻고 절이며 하루를 보냈네요. 우리 집은 김장을 한 번에 수백 포기씩 하기 때문에 집에서는 못 하거든요. 혹한에 바깥에서 고무장갑만 달랑 끼고 수백 포기의 배추들과 씨름했더니 손가락이 얼얼하다 못해 아예 감각이 없을 정도입니다. 흑흑. 그래도 수육 푹푹 삶아서 겉절이랑 먹으니 꿀맛이었어요. 날씨가 이렇게 추운 날은 장갑이 필수인 것 같아요.
 자, 오늘의 문장은 "(추워서) 손에 감각이 없어요."입니다. 영어로는 어떻게 표현할까요? 머릿속으로 꼭 먼저 만들어보시는 거 잊지 마세요~!

하루 10분 강의 듣고 감 잡기

미니 강의

My hands are all numb because of the cold weather.
[마이핸즈알 얼-넘 비커접 더 콜ㄷ 웨더]

numb는 '넘브' 하지 마시고 그냥 자연스럽게 [넘]이라고 발음해보세요. 이넘 저넘 할 때 그 '넘' 이요!^^ 신체 어느 부위건 감각이 없을 땐 numb을 활용하시면 된답니다. 요렇게요!
 • (추워서 그런가) 얼굴에 감각이 없네. My face is all numb.
 • (추워서) 발에 감각이 없어. My feet are all numb.

하루 5분 영어표현 되새기기

Speak out!　　　5번 소리내어 따라하기 ☐ ☐ ☐ ☐ ☐

≫ My hands are all numb / because of the cold weather.

제 손은 ~이에요 감각이 없는 / 추운 날씨 때문에.

요런 상황에서 쓰여요!

A　The wind is so strong today, right?
　　오늘 바람 진짜 세게 분다, 그치?

B　Seriously. This is insane. **My face and hands are all numb.** 진짜로. 장난 아니다. 얼굴이랑 손에 감각이 없데이.

A　Ugh. Let's go to a cafe and get some hot coffee.
　　아놔. 카페 가서 뜨신 커피 좀 마시자.

B　Sounds good! We'd better hurry. 좋지! 서두르자.

대건이의 야무진 TIP!

감각이 없다고 할 때는 형용사 numb(감각이 없는)을 쓸 수 있어요. 그런데 all은 왜 쓰였냐구요? '완전'의 뉘앙스로 강조를 하기 위함이지요. 그리고 '추운 날씨 때문에'는 '~때문에'라는 전치사 because를 활용해주시는데요, cold weather가 명사니까 because of를 써주셔야 합니다. 덩어리 정리해볼까요? 제 손은 ~입니다. My hands are~ 어떤 상태죠? 완전히 감각이 없는 (상태) all numb 왜 그렇죠? 주운 날씨 때문에요. because of the cold weather! 자, 이제 합쳐볼까요? My hands are all numb because of the cold weather.(추워서 손에 감각이 없어요.) 잘 하셨습니다!

» 우리 약속 좀 앞당길 수 있을까요?

Day 75

전 은근 일복이 많은 녀석 같아요. 특히 휴가나 명절 같이 남들이 다 놀 때 이상하게 더 바빠지네요. 이번 연휴에도 친구들과 놀기로 미리 약속을 잡았는데, 갑자기 회사에 급한 일이 생겼지 뭡니까. 오랜만에 유학 갔던 친구가 귀국을 해서 다 같이 만나 추억에 젖어보려고 했는데 말이죠. 부장님까지 주말에 출근한다고 하시는데, 주말에 쉰다는 말이 차마 안 나오네요. 그래도 이때 아니면 그 친구를 또 언제 만날까 싶어 고민 고민하다가 친구들에게 약속 좀 앞당길 수 있는지 물어보려고요.
 오늘의 문장은 "우리 약속 좀 앞당길 수 있을까요?"입니다. 약속날짜를 부득이하게 못 맞춰서 앞당겨야 하는 상황이 있잖아요. 이런 상황 영어로는 어떻게 말할 수 있을까요? 여러분이 먼저 만들어보시고요. 다 되시면 저와 함께 강의 속으로~!

하루 10분 강의 듣고 감 잡기

미니 강의

» Can we move up the appointment? [캔위 무-법 디어포인먼트?]

약속을 앞당겨야 할 경우도 있지만 반대로 뒤로 미뤄야 할 경우도 있잖아요. 이 경우에는 '미루다, 연기하다'는 뜻의 put off 또는 postpone을 야무지게 활용해주세요~
- 우리 약속 좀 미룰 수 있을까요? Can we put off the appointment?
- 우리 약속 다음 주까지 미룰 수 있을까요? Can we postpone our meeting until next week?

하루 5분 | 영어표현 되새기기

Speak out! 5번 소리내어 따라하기 ☐ ☐ ☐ ☐ ☐

›› Can we move up / the appointment?
우리 당길 수 있을까요 / 약속을?

요런 상황에서 쓰여요!

A I got some bad news about our meeting this Wednesday. Something urgent has just come up at work and I will be responsible for it.
이번 수요일 미팅에 관해 안 좋은 소식이 있어요. 회사에 급한 일이 생겼는데 제가 그 일을 책임져야 할 것 같아요.

B So do you want to postpone it until you finish?
그래서 그 일 끝내실 때까지 미팅을 연기하고 싶다는 말씀이시죠?

A Actually, **can we move up the appointment** to Monday? I think I can make it this Monday.
실은, 월요일로 약속을 당길 수 있을까요? 이번 주 월요일에 가능할 것 같거든요.

대건이의 야무진 TIP!

오늘의 문장에서 관건은 '앞당기다'를 영어로 어떻게 바꾸느냐가 되겠는데요. 바로 move up이 그런 의미를 가진 표현입니다. move는 '움직이다'이고 up은 여기서 forward(앞으로)의 의미를 가지고 있어요. 약속(appointment)을 앞으로 움직이는 거니까 약속을 앞당긴다는 의미가 되죠. 만약 약속을 월요일로 앞당기고 싶다면 appointment 뒤에 to Monday(월요일로)만 붙여주시면 됩니다! 자, 덩어리 정리해볼까요? 우리 앞당길 수 있을까요? Can we move up? 뭐를요? 그 약속을 the appointment 합쳐보면요? Can we move up the appointment?(우리 약속을 앞당길 수 있을까요?)

저 어제 집에 오자마자 뻗었어요

Day 76

'띠리리리링' 시끄러운 알람소리에 겨우 침대에서 일어났습니다. 어제는 정~~말 정신없는 하루를 보냈답니다. 업무를 10시에나 마치고 회식자리에 합류했으니까요. 피곤한데다가 술까지 마셨더니 어젯밤 기억은 10시 이후로 사라졌나봐요. 집에는 어떻게 왔는지 도무지 떠올릴 수가 없으니! 씻지도 않고 잔 건지 입안도 텁텁하고 덕지덕지 떡진 머리가 참으로 가관이군요. 얼른 정신 차리고 샤워부터 해야겠어요. 저 오늘 하루도 잘 버틸 수 있겠죠? 여러분도 이런 상황 겪어보셨나요? 술을 먹거나 밤샘 작업으로 인해 집에 오자마자 뻗어버리는 경우 말이에요. 요런 상황 과연 영어로는 어떻게 표현할 수 있을까요? 기절하다? 뻗었다? 자, 10초 동안 머릿속으로 꼭! 생각해보신 후에 오늘의 문장 강의에서 확인해볼게요!

하루 10분 강의 듣고 감 잡기

미니 강의

» I blacked out as soon as I got home yesterday.
[아이 블랙다웃 애쑨애즈아이 갓홈 예스터데이]

- As soon as 구문 '~하자마자'라는 뜻으로 정말 빈번히 사용되죠. as soon as 뒤에는 반드시 또 하나의 문장이 와야만 해요! 예문 몇 개 적어볼게요~^^
  - I took a shower as soon as I got home. 저는 집에 오자마자 샤워했어요.
  - As soon as my friend and I had dinner, we went for a walk.
    친구랑 저는 식사하자마자, 산책하러 나섰어요.

하루 5분 | 영어표현 되새기기

Speak out! 5번 소리내어 따라하기 ☐ ☐ ☐ ☐ ☐

» I blacked out / as soon as I got home yesterday.

저는 뻗었어요 / 집에 오자마자(가자마자) 어제요.

요런 상황에서 쓰여요!

A Are you alright? You don't seem well.
니 괜찮냐? 안 좋아보이는데.

B Actually, I'm not. I got off work after midnight yesterday. 사실 몸이 좀 그래. 어제 새벽에 퇴근했거든.

A What? You must be really tired then.
진짜? 그때 정말 피곤했겠네.

B Yup. **I blacked out as soon as I got home yesterday.**
어. 어제 집에 가자마자 뻗었지.

대건이의 야무진 TIP!

오늘의 포인트는 black out입니다. black out은 '전기가 나가거나 잠시 의식을 잃다'라는 뜻이 있는데요. 전기가 나가면 깜깜해서 아무것도 안 보이잖아요. 의식을 잃은 상태도 이처럼 표현하는데요. 술을 먹고 필름이 끊겼다고 할 때도 black out을 활용합니다. 덩어리로 정리해볼게요. 저는 의식을 잃었어요, 즉 뻗었어요. I blacked out. 언제요? 어제 집에 오자마자 as soon as I got home yesterday 합치냔요? I blacked out as soon as I got home yesterday.(저 어제 집에 오자마자 뻗었어요.)

그거 반으로 나눠 주실래요?

Day 77

점심시간에 옆자리 동료와 함께 회사 부근에 새로 생긴 서브웨이에 갔답니다. 샌드위치가 먹고 싶었거든요. 그동안 너무너무 먹고 싶었던 서브웨이 샌드위치를 입맛대로 주문해서 시키려고 하는데 같이 온 회사 동료는 배가 별로 안 고프다고 나눠 먹자고 하네요. 음식 공유 잘 안 하는 편이지만, 어쩔 수 없죠. 생각해보니, 답이 없는 긴 아니더라고요. 큰 사이즈로 시켜서 반으로 나눠 먹으면 별 문제 없겠어요. 남자끼리 길다란 샌드위치 하나를 앞에 두고 나누기는 그림이 이상할 것 같아 2조각으로 나눠달라고 했어요. 지혜롭지 않나요? 하하하~ 외국에 가면 사이즈가 큰 음식들이 많아서 이 표현이 유용하게 쓰일 수 있는데요. "그거 반으로 좀 나눠 주실래요?" 영어로는 어떻게 표현할까요? '나누다'를 영어로? 머릿속으로 반드시 먼저 한번 만들어보세요. 다 만드신 분들은 곧바로 저와 함께 오늘의 문장 배우러 가보실게요. 준비되셨죠? Let's move!

하루 10분 강의 듣고 감 잡기

미니 강의

Would you split it in half?
[우쥬 스쁠리릿 인 해fㅍ?]

in half가 '반'이라는 뜻이니까 두 조각을 표현했다면 세 조각, 네 조각은 어떻게 표현할까요? piece(조각)를 이용해보세요! 세 조각은 three pieces, 네 조각은 four pieces라고 표현하시면 됩니다. Would you split it in 4 pieces? 요렇게요!

하루 5분 영어표현 되새기기

Speak out!　　　　　　　　　5번 소리내어 따라하기 ☐ ☐ ☐ ☐ ☐

» Would you split it / in half?
그거 나눠 주실래요 / 반으로?

요런 상황에서 쓰여요!

A **What would you like to order?**
뭐 주문하시겠어요?

B **I'd like a foot long BLT Sandwich, please.**
BLT 샌드위치 큰 걸로 할게요.

A **Anything else for you?**
뭐 다른거 필요하신 거는요?

B **Would you split it in half?** Oh, and go easy on Mayo, please. 그거 반으로 좀 나눠주실래요? 아, 그리고 마요네즈는 조금만 뿌려주세요.

대건이의 야무진 TIP!

'무언가를 나누다, 쪼개다'라는 단어 split만 알고 있었다면 나머지는 식은 죽 먹기! 공손하게 물어보려면 would로 시작하면 되겠죠? 앞에서 배웠듯이 '반으로'는 in half고요. 곧바로 덩어리 나눠서 정리해봅시다잉~ 그거 나눠 주실래요? Would you split it? 예문에서 '그것'은 샌드위치가 되겠죠? it은 여러분들이 주문하신 음식이 되겠습니다~ 몇 조각으로요? 반으로 in half 합치면 Would you split it in half?(그거 반으로 나눠주실래요?) 이제 이해 가시죠? 소리내어 5번 내뱉어주세요!

›› 너무 무리하지는 마세요

Day 78

아침 일찍부터 끌고 나온 차가 말썽을 부려서 부랴부랴 정비소에다가 맡기고는 오랜만에 '지옥철'을 경험했습니다. 진땀 빼면서 하루를 시작하네요. 그보다 더 걱정이 되는 건 퇴근길이에요. 볼일을 보러 들러야 할 곳이 두 군데나 있는데, 지하철 타고 가려니 막막하군요. 근무하면서 저도 모르게 한숨을 푹푹 쉬었더니, 김 대리님이 안쓰럽게 봤나봐요. 점심 먹고 들어오는 길에 "대건 씨, 오늘 퇴근 같이 하시죠? 제 차로요." 요렇게 먼저 말을 해주시더라고요. 기름 값도 비싼데 어떻게 한 번에 냉큼 오케이 할 수 있겠어요. 그래서 마음에도 없는 말을 인사치레로 건넸죠. "에이~ 대리님 너무 무리하지는 마세요. 그냥 택시 타고 가죠 뭐." 설마 곧이곧대로 받아들이시진 않겠죠? 꼭 한 번 더 태워주겠다고 하셔야 할 텐데 말이죠. 오늘의 문장은 "너무 무리하지는 마세요."입니다. 영어로는 어떻게 표현할 수 있을까요? 여러분 스스로 먼저 만들어보시고요! 다 되신 분들은 Let's move!

하루 10분 강의 듣고 감 잡기

미니 강의

›› **Don't go out of your way.**
[더운 거우 아우럽 유어웨이]

여러분, way가 들어간 표현 하나 더 알아볼까요? 강한 부정의 의미를 나타낼 때 No way!라는 표현을 자주 사용하는데요. 직역하면 '길이 없다'는 뜻이니까 절대로 안 된다는 말이겠죠? "말도 안돼!"라고 표현할 때 빈번히 쓰이는 말입니다.

하루 5분 | 영어표현 되새기기

Speak out!　　　　　　　　5번 소리내어 따라하기 ☐ ☐ ☐ ☐ ☐

›› Don't go / out of your way.
가지 마세요 / 당신 길의 밖으로.

요런 상황에서 쓰여요!

A   Hey, Daegun. How are you going back home today?
　　대건 씨, 오늘 집에 어떻게 갈 거예요?

B   I don't know. I should take a taxi or something.
　　글쎄요. 택시 타던가 해야 할 것 같아요.

A   I can give you a ride if you don't mind.
　　괜찮으시면 제가 태워드릴게요.

B   It's okay. **Don't go out of your way.**
　　에이 괜찮아요. 너무 무리하지 마세요.

대건이의 야무진 TIP!

Don't go out of your way를 직역해보면, '당신의 길 밖으로 가지 말라'는 뜻이니까 말 그대로 '무리하지 말라'는 뜻이 되겠죠? 어려운 거 없으니 곧바로 덩어리 정리 갑니다용! 가지 마세요, Don't go~ 어디로요? 당신 길 밖으로요, out of your way 합쳐보면요? Don't go out of your way. 당신 길 밖으로 가지 마세요. 즉, "너무 무리 하지는 마세요."라는 말이 되겠죠. 오늘의 문장 큰 소리로 5번 아무~지게 내뱉어주세요!

›› 시간 가는 줄 몰랐어요

Day 79

한가한 일요일 오후, 뭐 재미있는 거 안 하나 싶어 TV 채널을 이리 돌리고 저리 돌리고 있었죠. 그런데 이게 웬일일까요. 케이블 영화 채널에서 제가 정말 좋아하는 액션영화 '본' 시리즈가 하는 거예요. '본 레거시'를 극장에서 보고 너무 재미있어서 다른 시리즈도 봐야겠다 생각했었거든요. 한동안 정신없이 몰입해서 보다 보니, 어느 덧 영화는 끝나고! 어라? 시계를 보니 친구와 만나기로 한 약속시간이 십 분밖에 남지 않은 거예요. 어찌나 재미있던지 시간 가는 줄 모르고 영화만 봤다니까요. 씻지도 않고 준비 하나도 안 했는데 어떡하죠? 그냥 머리 안 감고 모자 쓰고 나가야겠어요. 시간 가는 줄 모르고 무언가에 몰두했던 경험, 다들 한 번쯤은 해보셨을 텐데요. 요런 상황 영어로는 어떻게 표현할까요? 자, 반드시 머릿속으로 먼저 만들어보시고요! 다 되신 분들은 곧바로 강의에서 만나요~! Let's move!

하루 10분 강의 듣고 감 잡기

미니 강의

›› **I lost track of time.**
[아이 러스트 츄랙 업 타임]

I lost는 '아이 로스트'보다는 [아이 러스트]로 발음을, track of time은 '트랙오브 타임'보다는 [츄랙 업 타임]으로 발음해주세요. tr사운드는 [츄]로 소리가 난다고 생각하시면서 내뱉으면 더 자연스럽답니다.

하루 5분 영어표현 되새기기

Speak out! 5번 소리내어 따라하기 ☐ ☐ ☐ ☐ ☐

» I lost / track of time.
저는 잃었어요(놓쳤어요) / 시간의 자취(흔적)를.

요런 상황에서 쓰여요!

A **What...? the movie is over?**
뭐지? 영화 끝난거야?

B **Yeah. It was really exciting and fun, wasn't it?**
어. 진짜 흥미 진진하고 재밌었다. 그쟈?

A **It was! I lost track of time.**
진짜로! 시간 가는 줄 몰랐네.

대건이의 야무진 TIP!

오늘의 문장에서 쓰인 'lose track of time' 요 자체를 한 덩어리로 가져가주세요! 직역해보면 '시간의 자취를 놓치다'니까 '시간가는 줄 몰랐다'라는 의미가 되겠죠? 오늘의 문장에서는 lose의 과거형 lost가 쓰였다는 것도 센스있게 챙겨가시면서 곧바로 덩어리 정리해볼게요. 저는 놓쳤어요. I lost~ 뭐를요? 시간의 자취를 track of time 자, 합쳐볼게요. I lost track of time.(시간 가는 줄 몰랐어요.)

❯❯ 그거 껐다가 다시 켜보지 그래요?

Day 80

아놔~ 제 휴대폰은 말만 스마트폰이지 완전 멍청이폰이에요. 카톡은 맨날 늦게 오고 전화도 못 받을 때가 태반이에요. 친구와 함께 지방에 다녀올 일이 있었는데요. 길을 몰라서 이래저래 사람들한테 물어보면서 가고 있었는데 갑자기 친구가 "너 스마트폰이지? 네비게이션 어플 있잖아. 그거 좀 켜 봐. 그거 보고 가면 되겠네!" 오호라, 제 스마트폰이 이제야 구실 좀 하겠는데요. 폰을 꺼내 네비 앱을 눌렀지만, 10초가 지나도 실행이 안 되네요. 이놈의 멍청이폰, 먹통이 되어 버렸어요. 가만히 지켜보던 내 친구 왈, "껐다가 다시 켜보는 게 어때? 원래 전자제품 안될 땐 그게 직빵이잖아." 아하, 제 친구는 정말이지 스마트폰보다 스마트 한 것 같아요. "그거 껐다가 다시 켜보지 그래?" 요말을 영어로는 어떻게 할까요? 자, 스스로 문장을 먼저 만들어보신 후, 강의를 들어보세요. Let's move!

하루 10분 강의 듣고 감 잡기

미니 강의

❯❯ Why don't you turn it off and turn it back on?
[와이런츄 터니러–f프 앤 터닛배–껀?]

'Why don't you+동사?'는 뭔가를 권유할 때 빈번히 쓰이는 구문으로 '~하지 그래?'라는 의미를 갖고 있습니다. 예문 한번 볼까요?

- 담배 좀 끊지 그래요? Why don't you stop smoking?
- 오늘 저녁에 우리 집에 오는 게 어때? Why don't you come to my house tonight?

하루 5분 영어표현 되새기기

Speak out! 5번 소리내어 따라하기 ☐ ☐ ☐ ☐ ☐

» Why don't you turn it off / and turn it back on?

해보지 그래요 그거 끄는 거 / 그리고 다시 켜는 거?

요런 상황에서 쓰여요!

A Hey, come over here. My laptop has just stopped and I can't do anything.
야, 일로 좀 와바. 내 노트북이 멈추더니 아무 것도 할 수가 없네.

B What seems to be the problem? 뭐가 문제인 거 같은데?

A I have no idea. What should I do? 모르겠어. 어째야 되지?

B **Why don't you turn it off and turn it back on?**
그거 껐다가 다시 켜보는 건 어떻겠노?

대건이의 야무진 TIP!

'무언가를 끄다'라고 할 때 영어로는 turn it off라고 합니다. '무언가를 켤 때'는 turn it on이 되겠죠. 그렇다면 무언가를 '다시' 켜는 건 어떻게 할까요? 네! 그럴 땐 turn it 'back' on 요렇게 표현할 수 있답니다. 말 그대로 back, '다시' 켜는 거니까요. 하나 더! 무언가를 권유할 때 'Why don't you+ 동사?' 가 있다는거 기억해두시고요. 곧바로 덩어리 정리 들어갑니다다잉~! 너 해보지 그래/그거 끄는 거 Why don't you turn it off 그리고 그거 다시 켜는 거? and turn it back on? 자, 조금 길지만 두 덩어리 합쳐보면요? Why don't you turn it off and turn it back on? 잘 하셨습니다. 긴 만큼 발음에 좀 더 신중을 기해서 연습해보세요.

SELF TEST

지금까지 배운 표현들, 한 번 말해 볼까요?

☞ 정답은 다음 페이지에

이거 덜 익었어요.

하루에 커피 몇 잔 마셔요?

전 정말 음치예요.

추워서 손에 감각이 없어요.

우리 약속 좀 앞당길 수 있을까요?

저 어제 집에 오자마자 뻗었어요

그거 반으로 나눠주실래요?

너무 무리하지는 마세요.

시간 가는 줄 몰랐어요.

그거 껐다가 다시 켜보지 그래요?

This is undercooked.

How many cups of coffee do you drink a day?

I'm really tone-deaf.

My hands are all numb because of the cold weather.

Can we move up the appointment?

I blacked out as soon as I got home yesterday.

Would you split it in half?

Don't go out of your way.

I lost track of time.

Why don't you turn it off and turn it back on?

저는 땀을 많이 흘려서 여름이 싫어요

Day 81

연초에 동네 뒷산에서 해돋이를 보며 한 해의 결심을 다지던 게 엊그제 같은데 어느덧 본격적인 여름이 시작되었어요. 저는 땀을 많이 흘려서인지, 여름을 별로 좋아하지 않아요. 원래 땀이 많이 나는 체질이 아니었는데, 어렸을 때 용하다는 한의원에서 보약을 지어 먹고 난 뒤 체질이 변했거든요. 조금만 더우면 땀이 삐질삐질 나서 여름이 무척이나 괴롭답니다. 남자분들이라면 특히나 공감하실 것 같아요.

 오늘 우리가 함께 배워볼 문장은 "저는 땀을 많이 흘려서 여름이 싫어요."입니다. 영어로 어떻게 표현할 수 있을까요? '땀을 흘리다'를 영어로? 자, 반드시 머릿속으로 먼저 만들어보세요! 휴대폰 영어사전을 활용해도 좋아요. 다 만드신 분들은 오늘도 저와 함께 강의에서 만나요! Shall we?

하루 10분 강의 듣고 감 잡기

미니 강의

» **I don't like summer because I sweat a lot.**
[아런 라잌 써머 비커스 아이 스웨럴 랏ㅌ]

because를 발음하실 때 '비코우즈'라고 하지 마시고 [비커스]로 발음하시면 훨씬 자연스럽답니다. '땀을 많이 흘리다'는 뜻의 다른 표현으로 sweat like a pig도 종종 사용되니 기억해두세요!

하루 5분 **영어표현 되새기기**

Speak out!   5번 소리내어 따라하기 ☐ ☐ ☐ ☐ ☐

›› I don't like summer / because I sweat a lot.

저는 여름이 싫어요 / ~이기 때문에요 저는 땀을 많이 흘려요.

요런 상황에서 쓰여요!

A　Finally! it's summer. I'm so excited.
　　드디어! 여름이네. 완전 신난다잉.

B　Ugh, **I don't like summer because I sweat a lot.**
　　아, 나는 땀을 많이 흘려서 여름이 싫어.

A　I don't think that's even a problem. We can have so much fun during summer!
　　그건 문제도 아니라고 보는데, 여름에 재미있는 게 얼마나 많은데!

대건이의 야무진 TIP!

'땀을 흘리다'라는 뜻을 가진 단어로 sweat을 사용했죠. 땀을 많이 흘렸을 때 먹는 이온 음료, 포카리 스웨트 아시죠? 그 스웨트가 바로 이 sweat입니다. 이제 잊어버리지 마세요. 덩어리 나눠보겠습니다. 저는 좋아하지 않아요/여름을 I don't like summer. 왜요? ~이기 때문에요/저는 땀을 많이 흘려요. because I sweat a lot 자, 이제 덩어리 합쳐볼게요! I don't like summer because I sweat a lot.(저는 땀을 많이 흘려서 여름이 싫어요) 이제 확실히 이해 가시죠? 소리내서 5번 크게 내뱉어 봅시다용~

이거 좀 선물포장 해주실래요?

Day 82

오랜만에 회사근처 대형서점에 들렀어요. 사회생활을 시작하고부터 여러 방면으로 상식이 많이 부족하다는 생각이 들었고 독서의 필요성을 어느 때 보다 절실히 느끼고 있거든요. 제 수준에 맞는 교양서적 한 권을 골라서 계산대로 향하던 찰나, 문득 이번 주에 생일을 맞이하는 친구놈이 생각났어요. '책 선물만큼 값진 게 없지! 요새 자기계발은 필수니까!' 라는 생각에 제가 골랐던 책을 한 권 더 집어 들고 계산대로 향했습니다. 생일 선물인데 포장은 해야 할 것 같아 예쁘게 포장해달라고 특별히 부탁을 드렸죠. 또 이런 게 사소하지만 은근히 감동을 줄 수 있는 부분이거든요! 자, 이렇게 "이거 좀 선물포장 해주실래요?"라고 얘기할 때 영어로는 어떻게 표현할까요? 머릿속으로 먼저 문장을 만들어보시고~! 다 되신 분들은 저와 함께 오늘의 문장 배우러 가보실게요! Let's go!

하루 10분 강의 듣고 감 잡기

미니 강의

Would you gift-wrap this?
[우쥬 깊ㅌ 랩디스?]

> **wrap** 발음 하실 때 [랩]이라고 발음하시기보다는 입술을 둥글게 말아서 [뢥]이라고 발음 해주세요! 또 하나, Would you 뒤에다가 동사만 넣으면 '~해주실래요?'라는 공손한 부탁의 표현이 된답니다. 요런 식으로요.
> • 저 이거 옮기는거 좀 도와주실래요? Would you help me move this?
> • 저한테 전화주실래요? Would you give me a call?

하루 5분 | 영어표현 되새기기

Speak out! 5번 소리내어 따라하기 ☐ ☐ ☐ ☐ ☐

Would you / gift-wrap this?
~해주실래요 / 포장하는 거요 이것을?

요런 상황에서 쓰여요!

A Hello, **would you gift-wrap this?**
   안녕하세요. 요거 좀 선물포장 해주실래요?

B Sure. Let me find some good wrapping paper.
   물론이죠. 포장지 예쁜 거 좀 찾아볼게요.

A Thanks and please be careful. That's fragile.
   감사합니다. 그거 깨지기 쉬우니까 살살 다뤄주세요.

대건이의 야무진 TIP!

남은 음식 같은 거 덮어둘 때 '랩'으로 싸잖아요. 그게 바로 '무엇을 싸다'라는 뜻을 가진 동사 wrap이랍니다. gift-wrap은 말 그대로 '선물포장을 하다'라는 뜻이 있으니 기억해두시고요. 자, 덩어리 정리 해볼게요. ~해주실래요? Would you~? 어떤 거요? 선물포장하는 거요/이것을 gift-wrap this 합치면요? Would you gift-wrap this?(이거 좀 선물포장 해주실래요?) 직접 소리내어 말해보는 게 중요합니다. 꼭 5번 이상 큰 소리로 읽어보세요!

›› 이 사진 제 실물보다 너무 잘 나왔어요

여행가서 찍었던 사진을 인화했으니, 자기 집으로 오라는 친구의 전화를 받았어요. 안 그래도 사진이 어떻게 나왔을지 너무 궁금했던 터라 냅다 친구 집으로 달려갔지요. 그런데 이게 웬걸! 어디서 많이 본 듯한 피부미남이 떡하니 있는 거예요. "이게 나야?" 어리둥절해서 친구에게 물어보니, "요즘 카메라는 자체 뽀샵 기능이 있다. 니 실물보다 훨씬 낫지만, 니 맞다."라고 시크하게 답하네요. 하지만 이런 말에 기죽을 제가 아니죠. "원래 사진은 거짓말 안 한다. 생긴 대로 나오는 기다. 하하하" 하며 호탕하게 웃어줬죠. 그 카메라, 내일 당장 사야겠어요. 기특한 녀석 같으니라고!
 사진 속의 내 모습이 실물보다 훨씬 잘 나온 요런 경우! 영어로는 어떻게 표현할까요? "이 사진 제 실물보다 너무 잘 나왔어요." 영어로 한번 배워보자고요. 자! 오늘의 문장 틀려도 상관없으니 머릿속으로 꼭 먼저 만들어보세요! 강의에서 만나요!

하루 10분 강의 듣고 감 잡기

›› **This picture flatters me.**
[디스 픽쳐 f플레럴스 미]

flatter를 발음하실 때 '플레럴'이 아니라 [f플레럴]로 발음해주세요. f 사운드는 절대로 윗입술과 아랫입술이 닿아서는 안 된다는 게 뽀인트인 거 아시죠?

하루 5분 영어표현 되새기기

Speak out! 5번 소리내어 따라하기 ☐ ☐ ☐ ☐ ☐

›› This picture / flatters me.
이 사진은 / 아부를 떨어요 저에게.

요런 상황에서 쓰여요!

A Guys. I just had the pictures we took during out trip developed. Come and check them out.
야들아. 내 지금 막 우리 여행 때 찍은 사진을 인화해왔데이. 와서 함 봐바라.

B Already? Let's see. OMG! Look at me in this one. **This picture flatters me.** I look so handsome.
하마? 어디 보자. 헐! 여기서 내 함 봐바라. 이 사진 너무 잘 나왔네. 내 완전 잘생겨 보이네.

A Is that you? I didn't even recognize that it was you.
그게 니라고? 와~ 심지어 그게 너인 줄도 못 알아봤데이.

대건이의 야무진 TIP!

동사 flatter는 '누군가에게 아첨하다, 알랑 방귀를 끼다'의 뜻이 있답니다. 생각해보세요. 직역해보면 '이 사진이 나에게 아부를 떤다'는 뜻이니 얼마나 잘 나온 사진인지 감이 오시죠? 재미있는 표현이니 꼭 잡아가세요. 또 하나, 주위에서 여러분을 지나치게 칭찬할 때, 소위 비행기 태운다고 하죠. 그 때 I'm so flattered. [암 쏘 f플레럴드]라고 대답해보세요. "과찬이세요."라는 뜻이랍니다. 자, 덩어리 정리해볼게요. 이 사진은요, This picture~ 아부를 떨어요/저한테, flatters me. 합치면요? This picture flatters me! 오늘도 수고하셨습니다!

≫ 내일 비 안 왔으면 좋겠어요

Day 84

날씨가 너무 좋아서 집에만 있기 아까운 요즘, 주말을 이용해 여자친구와 소풍을 가기로 했답니다. 여자친구를 위한 깜짝 이벤트로 직접 도시락을 준비해보려고요. 제가 만들 메뉴는 햄 볶음밥과 샌드위치! 후식으로 과일도 좀 싸가려고요. 마트 가서 장도 보고, 레시피도 뽑아 놓고, 내일 아침 일찍 일어나서 요리만 하면 되게끔 만반의 준비를 마쳤답니다. 이 정도면 1등 신랑감 아닌가요? 하하하~ 간단히 저녁식사를 마치고 TV를 틀었는데, 마침 일기예보가 나오네요. 오 마이 갓! 아침부터 전국적으로 비가 내린다고 하는군요. 그것도 종일 말이지요. 도시락 싸려고 장까지 봐왔는데, 이게 웬 말입니까. 제발 내일 여기는 비 안 왔으면 좋겠어요.

여러분들도 저처럼 비가 오지 않길 간절히 바래보신 적 있나요? "내일 비가 안 왔으면 좋겠어요."라는 말을 영어로는 어떻게 표현할까요? 강의 보시기 전에 머릿속으로 먼저 만들어보세요.

하루 10분 강의 듣고 감 잡기

≫ I hope it won't rain tomorrow.
[아이 호웁 잇 워운 뤠인 트마뤄우]

🧑 조동사의 특성을 좀 알아볼까요?
하나. 조동사 뒤에는 무조건 동사원형이 와야 합니다.
둘. 부정문을 만드시려면 조동사 바로 뒤에 not만 붙여주세요.
- It will rain tomorrow. → It will not(won't) rain tomorrow.

하루 5분 영어표현 되새기기

Speak out!　　　　　　　　　　5번 소리내어 따라하기 ☐ ☐ ☐ ☐ ☐

» I hope / it won't rain tomorrow.
저는 희망해요 / 비가 오지 않기를 내일.

요런 상황에서 쓰여요!

A　hey, don't forget that we're going to Busan tomorrow.
야, 우리 내일 부산 가는 거 까먹으면 안돼.

B　Don't worry. Actually I'm checking the weather and...
걱정하지 마라, 사실 지금 날씨 확인하는 중이야 그리고…

A　What are they saying? 뭐라고 나와 있는데?

B　It will be raining in some places.
일부 지방에서는 비가 내릴 거라는데.

A　No way! **I hope it won't rain tomorrow.**
안 돼! 아~ 내일 비 안 왔으면 좋겠다.

대건이의 야무진 TIP!

사실, 비 내리는 건 우리가 막을 수가 없는 부분이잖아요. 그러니까 내일 비가 안 왔으면 좋겠다는 건 말 그대로 우리가 '희망'한다는 거겠죠? 그래서 동사 hope를 활용했습니다. 또 하나, rain이라는 단어 자체가 동사로 쓰이면 '비가 내리다'라는 뜻으로 해석된답니다. 비가 내리지 않기를 희망하는 거니깐 미래를 나타내는 조동사 will에다가 부정! 그래서 won't rain이 되는 거죠. 자, 이제 덩어리 정리해 볼게요! 저는 희망합니다. I hope~ 무엇을요? 비가 오지 않기를/내일. it won't rain tomorrow 합치면요? I hope it won't rain tomorrow.

뭘 주문해야 할지 도통 모르겠어요

살다보면 선택의 순간은 참으로 많죠. 하다못해 아침에 일어나 어떤 옷을 입을지, 아침은 뭘 먹을지 결정하는 것조차 선택의 연속이니까요. 해도 후회, 안 해도 후회! 매번 느끼는 거지만, 선택은 정말로 어려운 일 같아요. 저답지 않게 왜 이리 진지하냐고요? 사실 점심 메뉴 결정하는 것을 고민하다가 문득 이런 생각이 들었거든요. 짬뽕을 먹으려니 짜장면이 먹고 싶고… 왠일로 진지한가 했다고요? 하하하~ 인생의 낙이 먹는 것 아니겠어요? 저처럼 '도통 뭘 주문해야 할지 감이 오지 않는' 요런 상황. 영어로는 어떻게 표현할 수 있을까요? 주문이라는 말이 있으니까 order? 10초 동안 꼭 머릿속으로 먼저 만들어보세요. 자, 그럼 오늘의 문장 확인해볼까요?

하루 10분 | 강의 듣고 감 잡기

>> **I have no idea what to order.**
[아이햅 노아이디어 왓투오-러]

order 자리에 다른 동사를 넣어주시면 많은 문장을 표현할 수 있답니다. 바로 요렇게요.
- I have no idea what to choose. 뭘 골라야 할지 도통 모르겠어요.
- I have no idea what to buy for my mom's birthday.
  엄마 생일에 뭘 사야 할지 도통 모르겠어요.

하루 5분   영어표현 되새기기

Speak out!   5번 소리내어 따라하기 ☐ ☐ ☐ ☐ ☐

» I have no idea / what to order.
저는 아이디어가 없어요 / 무엇을 주문해야 할지.

요런 상황에서 쓰여요!

A   Is it only me? I have no appetite for lunch today.
    저만 그런가요? 오늘 점심 입맛이 하나도 없네요.

B   It's maybe because of the hot weather.
    아마도 더운 날씨 때문인 거 같아요.

A   Ugh, but we gotta eat something before the long meeting. What about some delivery food?
    아, 그래도 긴 시간 회의 전이라 뭐 좀 먹어야 되는데. 배달음식은 어때요?

B   Sounds good. Well... **I have no idea what to order.**
    좋은데요? 음… 근데 뭘 주문해야 할지 모르겠네요.

대건이의 야무진 TIP!

뭘 주문해야 할지 도통 모르겠다는 말은 쉽게 말해서 마땅히 떠오르는 아이디어가 없다는 뜻이겠죠? 말 그대로 I have no idea라고 표현할 수 있습니다. 무엇을 주문해야 할지 아이디어가 없는 상황이지요? 요럴 때 요긴하게 활용할 수 있는 구조가 'what to 동사원형'이랍니다. 해석은 '무엇을 ~해야 할지'로 하시면 되고요. 무엇을 '주문'해야 할지 모르는 상황이니깐 what to order라고 하면 되겠죠? 두 덩어리 합쳐보면요? I have no idea what to order.(뭘 주문해야 할지 도통 모르겠어요.)

>> 전 항상 길을 잃어요

Day 86

강남에서 중요한 사업 미팅이 있는 날입니다. 메일로만 연락드리다가 실제로 뵙는 건 처음이라서, 조금 긴장되네요. 첫인상이 참 중요하잖아요! 회사에서 1시간 거리라 넉넉잡고 1시간 30분 전에 출발했는데 정신없이 졸다보니 강남역을 지나칠 뻔 했어요. 부랴부랴 4번 출구 밖으로 나가 시계를 보니 아직 약속시간 20분전. 근데 여긴 어딘가요? 카페는 출구 바로 맞은 편이라 그랬는데!! 주변을 아무리 둘러봐도 약속장소가 보이질 않네요. 길치인 건 알았지만, 이건 병 수준이네요. 그나저나 5분밖에 남질 않았어요. 으악! 여러분은 방향감각이 좋으신 편인가요? 저는 심한 길치여서 항상 길을 잃는데, 어지간히 불편한 게 아니네요. 오늘의 문장이기도 한 요 표현, 영어로는 어떻게 표현할까요? 길을 잃다? street lose? 10초 동안 머릿속으로 먼저 생각해보시고! 자, 오늘 문장 바로 확인해볼게요~ ^^

하루 10분 강의 듣고 감 잡기

미니 강의

>> I get lost all the time.
[아이겟러스트 얼더타임]

get lost에는 '길을 잃다'라는 뜻도 있지만, '꺼져!'라는 뜻도 있답니다. Go away나 Beat it도 마찬가지구요. 어떻게 구분하냐고요? 뉘앙스 차이지요! 성질내면서 Get lost!라고 얘기한다면 백프로 후자의 뜻이지요.

하루 5분 영어표현 되새기기

Speak out! 5번 소리내어 따라하기 ☐ ☐ ☐ ☐ ☐

» I get lost / all the time.
저는 길을 잃어요 / 항상.

요런 상황에서 쓰여요!

A Daegun, where are you now? We're about to start the meeting! 대건 씨, 지금 어딨어요? 우리 이제 곧 회의 시작하는데요!

B So sorry. I'm almost there. I got off at the wrong station.
정말 죄송합니다. 거의 다 왔어요. 역을 잘못 내렸어요.

A Again? 또요?

B You know me. **I get lost all the time.**
아시잖아요. 저 항상 길 잃는 거.

대건이의 야무진 TIP!

get lost라고 하면 '길을 잃다'라는 뜻이 있다는 거 알고 계시죠? 배우 김윤진 씨가 출연해서 화제가 되었던 미드 제목도 〈Lost〉잖아요. 무인도에 불시착한 상태에서 일어나는 얘기를 다룬 드라마였죠. 자, 이제 덩어리 정리해볼게요. 저는 길을 잃어요. I get lost~ 언제요? 항상 all the time 덩어리 합쳐볼까요? I get lost all the time.(전 항상 길을 잃어요.) 완벽합니다! 이제 이 문장은 여러분의 것!

그릇 복도에 내놓을까요?

Day 87

오늘 점심은 부장님께서 중국 음식을 쏘신답니다. 날씨도 춥고 비도 오고 해서 시켜먹기로 했어요. 이럴 땐 정말 배달 문화가 발달한 우리나라에 사는 게 너무 행복하다니까요. 주문한 지 15분 만에 음식이 도착했는데, 어찌나 맛있던지 5분 만에 폭풍흡입을 해 버렸어요. 팀의 막내답게 뒷처리는 제 담당! 배달 음식은 뒤처리가 좀 귀찮지만, 이 정도야 식은 죽 먹기죠. 다 먹은 그릇들을 고이고이 신문지로 쌓아서 가져가기 좋게 잘 포장해놓았는데, 어디에 놓아야 할지 몰라 부장님께 여쭤봤죠. "그릇 복도에다가 내놓을까요?" "그러세요. 안에 두면 그릇 찾아가기가 불편하실테니깐요." 아, 이 배려심 돋는 멘트, 이래서 부장님을 존경할 수밖에 없다니까요. 절대로 부장님이 오늘 점심을 쏘셔서 이렇게 말하는 건 아니랍니다. 자, 오늘의 문장은 "그릇 복도에 내놓을까요?"입니다. 영어로는 어떻게 표현할까요?

하루 10분 강의 듣고 감 잡기

미니 강의

Should I leave the dishes in the hall? [슈라이 리-ㅂ 더 디쉬스 인더헐?]

동사 leave는 어떻게 발음해야 할까요? 정답은 [리-ㅂ]. 허무하신가요? 길게 발음하는 것에 주목하세요. 짧게 발음한다면 '살다'라는 뜻의 live가 된답니다. 연습해볼까요?
- Where does Daegun live in? 대건 씨 어디 사세요?
- Daegun is not at his desk now. Would you leave him a message? 대건 씨 지금 자리에 안 계십니다. 메시지 남기시겠어요?

하루 5분 | 영어표현 되새기기

Speak out! 5번 소리내어 따라하기 ☐ ☐ ☐ ☐ ☐

❯❯ Should I leave the dishes / in the hall? 제가 그릇을 둘까요 / 복도에?

요런 상황에서 쓰여요!

A Wow. You've come really quick. It only took 20 minutes after ordering on the phone.
와~ 진짜 빨리 오셨네요. 전화로 주문한지 20분 밖에 안 지났어요.

B We offer the quickest delivery service in this down.
저희는 마을에서 배달이 제일 빨라요.

A Good! **Should I leave the dishes in the hall?**
대박! 그릇 복도에 내놓을까요?

B That would be good for me. Thanks.
그래주심 저야 좋죠. 감사합니다.

대건이의 야무진 TIP!

그릇을 두다? 동사 leave를 활용한다는 것에 주목해봅시다. leave에 '떠나다'라는 뜻도 있지만 '물건 따위를 남겨두다, 두다'라는 뜻도 있어요. '메시지 남겨주세요'라고 할 때 Leave me a message라고 표현하는 것처럼. 그릇은 dishes 그리고 복도는 the hall! 자, 이제 덩어리 정리해볼까요? 제가 둘까요?/그릇을. Should I leave the dishes~? 어디에요? 복도예요. in the hall 이제 합쳐볼게요. Should I leave the dishes in the hall?(그릇 복도에 내놓을까요?) 잘 하셨어요!

202

›› 무한도전 오늘 방송되지 않을 거예요

Day 88

주말에는 주로 여자 친구와 데이트를 하지만, 그렇지 않을 땐 '무한도전'을 본방사수 하는 게 저의 주된 임무랍니다. 무한도전을 한 회도 거르지 않고 챙겨보는 광팬이거든요. 약속 없는 토요일 저녁! 부랴부랴 TV 앞으로 달려가 채널을 돌려보지만, '무도'는 코빼기도 보이질 않네요. 뭔 일이 있나 싶어서 인터넷에 들어가 검색해봤더니, 오 마이 갓! 무한도전은 오늘 방영하지 않는다네요. 아놔~ 유일하게 챙겨보는 주말 예능프로그램인데 남은 토요일 저녁은 왠지 너무나도 길어질 것 같네요. 여러분들도 이런 경험 많이 있으시지요? 기다리고 기다렸던 TV 프로그램이 방송되지 않을 때, 그 공허함이란 이루 말할 수 없죠. "무한도전 오늘 방송되지 않을 거예요." 영어로는 어떻게 표현할 수 있을까요? 방송? broadcast? 머릿속으로 꼭 먼저 만들어보세요.

하루 10분 강의 듣고 감 잡기

미니 강의

›› **Moohandojeon won't air today.**
[무한도전 워운 에어 트데이]

> 조동사는 반드시 동사 앞에 위치한다는 점! 그리고 조동사 뒤에 오는 동사는 반드시 동사원형이 와야 된다는 점! 꼭 챙겨가세요.
> • He will show up at our party. 그는 우리 파티에 나타날 거예요.
> • I can speak English better than anyone. 저는 누구보다 훌륭하게 영어를 말할 수 있어요!

하루 5분　영어표현 되새기기

Speak out!　　　　　5번 소리내어 따라하기 ☐☐☐☐☐

❯❯ Moohandojeon won't air / today.
무한도전은 방송되지 않을거에요 / 오늘.

요런 상황에서 쓰여요!

A　Oh God. What time is it? Is it around 6?
　　오 마이 갓! 지금 몇 시고? 여섯 시쯤 됐나?

B　Yes, it is. You have an appoinment or something?
　　응. 뭐 약속같은 거 있나?

A　Not really, but I have to watch Moohandojeon.
　　그다지, 근데 내 무한도전 봐야 된다.

B　**It won't air today.** Isn't that on TV every Saturday?
　　It is Sunday.
　　그거 오늘 방송 안 한다. 그거 매주 토요일에 하는 거 아니라? 오늘 일요일이야.

대건이의 야무진 TIP!

air라고 하면 '공기'라는 뜻만 생각하기 십상인데요. 요놈이 동사로 쓰이면 '~가 방송되다'라는 뜻이 있답니다. '무한도전은 방송되지 않을 것이다'라는 문장은 미래 시제에 부정을 했으니 will not, 줄여서 won't를 썼고요. 자, 이제 덩어리 정리해볼까요? 무한도전은 방송되지 않을 거에요. Moohandojeon won't air~ 언제요? 오늘 today 합쳐볼까요? Moohandojeon won't air today.(무한도전 오늘 방송되지 않을 거에요.)

» 이 사진 초점이 안 맞네요

89 Day 89

오늘은 우리 부서 야유회 날! 먹을 거리들을 한가득 준비해서 경치 좋은 공원으로 향했습니다. 동심으로 돌아가서 보물찾기도 하고 맛난 고기도 구워먹고 맥주도 한잔하면서 즐거운 시간을 보냈답니다. 하지만, 이런 행사에서 남는 건 사진 아니겠어요? 다 같이 단체사진 한 장 정도는 찍어줘야죠. "여러분, 단체사진 한 장 찍읍시다. 이쪽으로 다 같이 모이세요. 자, 김치~!" 찰칵! 아무리 제가 찍은 사진이라지만 초점이 완전 안드로메다 행이네요. "여러분! 사진 초점이 안 맞았네요. 다시 한 번 찍을게요." 찰~각! 이번 사진은 다행히 흔들리지 않고 잘 나왔네요.^^

"이 사진 초점이 안 맞네요." 영어로는 어떻게 표현할까요? 초점? focus? 자! 오늘의 문장 함께 배우러 가보실까요?

하루 10분 강의 듣고 감 잡기

미니 강의

» This picture is out of focus.
[디쓰 픽처 이즈 아우럽 f포커-스]

out of focus는 초점에서 벗어난 거니까 '초점이 안 맞는'이었죠? out of question은 무엇일까요? 질문의 요지에서 벗어난 거니까~ 그렇죠! '말이 안 되는'이라는 뜻이 있어요. 하나만 더! out of stock은 뭘~까요? stock! 즉, 재고에서 벗어난 거니깐, 그렇죠! '품절인'의 뜻이 된답니다. 야무~지게 잡아가세요!

하루 5분 영어표현 되새기기

Speak out!   5번 소리내어 따라하기 ☐ ☐ ☐ ☐ ☐

» This picture is / out of focus.
이 사진은 ~이에요 / 초점이 안 맞는.

요런 상황에서 쓰여요!

A   We have such a nice weather today. 오늘 날씨 죽이네요.

B   Tell me about it. Hey, Daegun. Let me take a picture of you. Strike a pose. Say 'Kimchi.'
내 말이요. 저기 대건 씨, 사진 찍어줄게요. 포즈 잡아봐요. 자, 김치~

A   Kimchi~ 김치~

B   Alright. Let me check the photo. Woops. **This picture is out of focus.**
좋아요. 사진 한번 확인해볼게요. 어이쿠. 이 사진은 초점이 안 맞네요.

대건이의 야무진 TIP!

오늘 문장의 포인트는 '초점이 안 맞다'를 영어로 표현하는 거겠죠? 말 그대로 초점의 밖으로 나가버린 거니까 out of focus라고 하시면 돼요. 덩어리 정리해볼까요? 이 사진은 ~이에요. This picture is~ 어떻다고요? 초점이 안 맞는 out of focus 합치면요? This picture is out of focus.(이 사진 초점이 안 맞네요.) 잘 하셨어요! 이제 이해 가시죠?

TV에는 재방송뿐이네요

Day 90

요즘 야근을 밥 먹듯이 했더니, 몸 상태가 영 좋지 않아 휴가를 냈습니다. 아무 것도 하지 않고 집에서 느긋하게 TV나 보면서 쉬려고요. 아~ 생각만 해도 충전이 되는 것 같네요. 이렇게 쉬는 날 밖으로 놀러다니는 것도 좋지만, 집에서 아무것도 하지 않고 빈둥대는 것만큼 좋은 휴가가 또 있을까요. 바로 오늘이 그런 날이지요! 씻지도 않고 잠옷 바람으로 소파에 누워 TV를 켜봅니다. 리모컨을 쥐고 온갖 채널을 다 돌려보는데, 이미 봤던 프로그램 재방송만 주구장창 해주네요. DVD라도 빌려보러 나가려 했는데, 마침 비가 퍼붓고 있으니 나가기도 귀찮고… 일단 한숨 자고 일어나서 생각해보렵니다. 모처럼의 방콕 휴가를 즐기고 싶은데 TV에서 재방송만 할 때, 참으로 억울한 심정이 들곤 하죠.

오늘의 문장은 "TV에는 재방송뿐이네요."입니다. '재방송'을 영어로 어떻게 표현할까요? 머릿속으로 반드시 먼저 만들어보시고 강의로 와주세요!

하루 10분 강의 듣고 감 잡기

미니 강의

There's nothing but re-runs on TV. [데얼스 낫띵 벗 뤼뤈-스 언티뷔]

'There is + 명사'는 '(명사)가 있다'라는 뜻입니다. 예문 보면서 확인해볼까요?
- There is nothing to eat in the fridge. 냉장고에 먹을 게 아무 것도 없다.
- Is there any problem? 무슨 문제 있으세요?

| 하루 5분 | 영어표현 되새기기 |

Speak out! 5번 소리내어 따라하기 ☐ ☐ ☐ ☐ ☐

There's nothing / but re-runs on TV. 아무것도 없다 / 제외하고 재방송 TV에.

요런 상황에서 쓰여요!

A What are you doing?
뭐하고 있노?

B I'm just fliping through the TV channels.
그냥 TV 채널 돌리고 있지 뭐.

A You got anything?
뭐 재밌는 거 있나?

B **There's nothing but re-runs on TV.**
TV에 온통 재방송 뿐이데이.

대건이의 야무진 TIP!

재방송이 영어로 re-run이라는 것 알고 계셨나요? re-run이라는 단어를 자세히 들여다보면, re '다시' run '진행되는 것'. TV 속에서 다시 진행되는 건 당연히 '재방송'이 되겠죠? 이제 이 단어 잊어먹진 않겠네요. '~가 없다'는 There's nothing이라고 하면 되고요. 자, 이제 어순대로 문장을 합쳐볼게요. 아무 것도 없네요. There is nothing~ 하지만 재방송뿐 but re-runs 어디서요? TV에서요. on TV 자, 한 문장으로 쭉 말해볼까요? There's nothing but re-runs on TV. 아무 것도 없는데 재방송만 있다는 거니까, 즉! '재방송뿐이다'라는 뜻이 되는 거지요. 이제 이해 가시죠? 소리내어 크게 5번 내뱉어 주세요!

SELF TEST

지금까지 배운 표현들, 한 번 말해 볼까요?

☞ 정답은 다음 페이지에

저는 땀을 많이 흘려서 여름이 싫어요.

이거 좀 선물포장 해주실래요?

이 사진 제 실물보다 너무 잘 나왔어요.

내일 비 안 왔으면 좋겠어요.

뭘 주문해야 할 지 도통 모르겠어요.

전 항상 길을 잃어요.

그릇 복도에 내놓을까요?

무한도전 오늘 방송되지 않을 거예요.

이 사진 초점이 안 맞네요.

TV에는 재방송뿐이네요.

I don't like summer because I sweat a lot.

Would you gift-wrap this?

This picture flatters me.

I hope it won't rain tomorrow.

I have no idea what to order.

I get lost all the time.

Should I leave the dishes in the hall?

Moohandojeon won't air today.

This picture is out of focus.

There's nothing but re-runs on TV.

》 탈의실이 어디죠?

Day 91

쇼핑의 천국 홍콩으로 일주일간 출장을 왔답니다. 빨리 모든 업무를 다 마치고 이틀 간의 휴가를 즐기려고요. 홍콩하면 또 쇼핑 아니겠습니까? 게다가 세일기간이기까지 해서 가격이 얼마나 합리적인지 한국에서는 엄두도 못 낼 브랜드 셔츠 매장에 들렀습니다. 혹시 몰라 가격표부터 확인해보고, 맘에 드는 셔츠 몇 벌을 골랐지요. 입어보고 결정하고 싶은데, 그러려면 탈의실을 찾아야겠죠? 이럴 때 쓸 수 있는 표현, 바로 "탈의실이 어디죠?"입니다. 마음에 드는 셔츠를 찾았을 때 꼭! 입어보고 구매해야 하잖아요. 영어로는 어떻게 표현할까요? 탈의실이 영어로 뭐였더라? 반드시 머릿속으로 먼저 만들어 보시고요! 다 만드신 분들은 곧바로 저와 함께 오늘의 문장 배우러 가볼게요! Let's move!

하루 10분 | 강의 듣고 감 잡기

》 **Where is the fitting room?**
[웨얼이즈 더 f피링 룸?]

탈의실이 어딘지 물어볼 때는 간단히 Where is the fitting room?이라고 배웠는데요. 그럼 마음에 드는 옷을 고른 다음에 '계산대'가 어딘지 물어볼 때는 어떻게 표현하면 될까요? 네~! 계산대는 영어로 the counter로 표현한답니다. 그렇다면 Where is the counter? 요렇게 물어보면 되겠죠? 외국에서도 아무지게 쇼핑하실 수 있길 바랄게요!

하루 5분 | 영어표현 되새기기

Speak out!   5번 소리내어 따라하기 ☐ ☐ ☐ ☐ ☐

» Where is / the fitting room?
어디에 있나요 / 탈의실이?

이런 상황에서 쓰여요!

A   Excuse me. Can I try this T-shirt on?
    실례합니다. 이 티셔츠 좀 입어볼 수 있을까요?

B   Sorry, ma'am. You're not supposed to try it on.
    죄송합니다, 고객님. 티셔츠는 입어보실 수가 없으세요.

A   Okay... hmm, how about these pants? And **where's the fitting room?**
    알겠습니다… 음… 이 바지는 어떤가요? 그리고 탈의실이 어디죠?

B   You can try them on, ma'am. The fitting room is right over there. 그건 입어보실 수 있어요, 고객님. 탈의실은 바로 저쪽에 있습니다.

대건이의 야무진 TIP!

몸에 맞는지 안 맞는지 입어볼 수 있는 방, 즉 '탈의실'이 되겠죠? 흔히 옷가게에서 옷을 입어볼 때 fitting한다고 하잖아요. fit 자체가 '몸에 맞다'라는 뜻이 있고, 그 옷이 맞는지 안 맞는지 입어볼 수 있는 방이니까 fitting room이 되겠죠? 자, 곧바로 덩어리 같이 만들어볼게요. 어디에 있나요? Where is~ 뭐가요? 탈의실이 the fitting room 합쳐볼게요. Where is the fitting room?(탈의실이 어디죠?) 반드시 소리내어 5번 크~게 내뱉어 주세요.

제 시계는 5분 빨라요

Day 92

우리 부서는 매주 수요일 아침마다 컨퍼런스에 참여한답니다. 그런데 컨퍼런스장이 집에서 멀어 자주 늦게 되더라고요. 그럴 때마다 눈치를 보며 살살 들어가곤 하는데, 같은 부서 태호 씨는 항상 먼저 도착해있고…ㅜㅜ 지각 한 번 안 하는 태호 씨에게 전용 헬기라도 있나 싶어 비법을 물어봤죠. 그랬더니 태호 씨 왈, "제 시계는 5분 빨라요. 그래야 좀 더 빠릿빠릿하게 움직일 수 있더라고요." 사소한 것 같지만, 오늘부터 제 시계를 10분 빨리 움직이게 만들어 놓을 겁니다. 무조건 태호 씨보다 빨리 회의장에 도착하는 게 제 목표니까요. ^^

태호 씨처럼 실제로 시간을 빠르게 설정해 두신 분들, 제법 계시죠? 5분이 별 거 아닌 것 같지만 사실 엄청난 차이를 만들어 낼 수 있는 시간이잖아요. 자! 오늘의 문장 "제 시계는 5분 빨라요." 영어로는 어떻게 표현할까요? 스스로 꼭 만들어보시고요! 오늘의 문장 강의에서 확인해보자고요!

하루 10분 강의 듣고 감 잡기

›› My watch is 5 minutes fast.
[마이 와취 이스 f파입미닛 f페-스트]

미니 강의

fast를 써서 시계가 빠르다는 표현을 썼습니다. 그렇다면 시계가 느릴 땐 어떻게 하면 될까요? 그렇죠! fast 대신에 late를 넣어주시면 됩니다. 예를 들어볼까요?
- 제 시계는 5분 느려요. My watch is 5 minutes late.

하루 5분 | 영어표현 되새기기

Speak out!   5번 소리내어 따라가기 ☐ ☐ ☐ ☐ ☐

» My watch is / 5 minutes fast.
제 시계는 입니다 / 5분 빠른.

요런 상황에서 쓰여요!

A I wonder how you always come to the conference earlier than I do.
어떻게 항상 저보다 일찍 컨퍼런스에 도착하시는지 궁금하네요.

B Haha. **My watch is 5 minutes fast.** Of course, I set it on purpose. 하하. 제 시계가 5분 빠르거든요. 물론 일부러 그렇게 맞춰놨죠.

A Wow, so that's because... 와, 그래서 그러시구나…

B I don't want to be late and don't want to make people wait because of me. Time is gold, you know.
늦는 것도 싫어하지만 저 때문에 사람들 기다리게 만들기 싫거든요. 알다시피 시간은 금이잖아요.

대건이의 야무진 TIP!

be동사가 '~이다'라는 뜻이 있는 것만 이해해주시면 오늘의 문장은 크게 어렵지 않을 것 같아요. 곧바로 덩어리 정리해보자고요. 제 시계는 ~이에요. My watch is~ 어떤데요? 그렇죠! 5분 빠른 5 minute fast 요 두 덩어리를 합쳐보면요? My watch is 5 minutes fast.(제 시계는 5분 빨라요.) 잘 하셨습니다. 이제 이해가 가시죠?

≫ 우리 오해를 풀 수 있을까요?

Day 93

사람과 사람과의 관계처럼 어려운 게 있을까요? 며칠 전, 친한 친구와 제법 심하게 다퉜습니다. 이거 참, 둘 다 남자인데다가 자존심까지 세다 보니 오랫동안 연락을 하지 않고 지내는 불편한 상황이 지속되었죠. 그러던 어느 날, '이러다가 정말 소중한 인연 하나를 그냥 이렇게 잃어버릴 수도 있겠구나' 싶어 술 한잔 하자고 먼저 연락을 취했지요. 처음에 말 꺼내기가 어려웠지만, 오해가 생겼을 때 푸는 방법은 대화 밖에 없으니까요. "우리 오해를 풀 수 있을까요?"라는 말을 영어로는 어떻게 표현할 수 있을까요? 반드시 머릿속으로 먼저 만들어 보시고요! 다 되신 분들은 곧바로 저와 함께 오늘의 문장 시작해볼까요? Let's go!

하루 10분 | 강의 듣고 감 잡기

미니 강의

≫ Can we clear up the misunderstanding?
[캔위 클리어업 더 미스언덜스땐딩?]

'오해'라는 단어 misunderstanding의 동사 형태는 '오해하다'의 뜻을 가진 misunderstand 랍니다! 말 그대로 이해하긴 하는데 miss가 붙어 '잘못 이해하다'란 뉘앙스를 가지게 돼요. 요게 바로 '오해하다'라는 말이겠죠? 야무지게 챙겨가세요!

하루 5분 영어표현 되새기기

Speak out!　　　　　　　　5번 소리내어 따라하기 ☐ ☐ ☐ ☐ ☐

» Can we clear up / the misunderstanding?

우리 풀 수 있을까요 / 그 오해를?

요런 상황에서 쓰여요!

A　So, why did you call me here? 내 여기로 왜 불렀는데?

B　I know why you're upset with me. I am so sorry but I think there must be some misunderstanding.
니가 내한테 화 나있는 거 안다. 진짜 미안한데 뭔가 오해가 좀 있는 거 같아서.

A　Misunderstanding? What do you mean? 오해? 무슨 말 하는 건데?

B　I didn't break your glasses. When I came into your room, they were already broken but then you saw me with them. I swear! **Can we please clear up the misunderstanding?** 니 안경 내가 안 부쉈어. 니 방 들어갔을 때 이미 부서져 있었고 그때 니가 날 본 거야. 맹세한다! 우리 제발 오해 좀 풀 수 있을까?

대건이의 야무진 TIP!

오해 등을 '풀다'라고 할 때는 clear up이라는 동사를 쓸 수 있어요. clear up에는 말 그대로 '말끔히 정리하다, 날씨가 화창하게 개다'라는 뜻이 있는데요. 오늘의 문장에서는 '(오해 등을) 해결하다, 풀다'라는 뜻으로 쓰였죠. 자, 덩어리로 정리해봅시다. 우리 풀 수 있을까요? Can we clear up? 뭐를요? 그 오해를 the misunderstanding 합쳐보면요? Can we clear up the misunderstanding?

저는 말주변이 없어요

Day 94

모태솔로 우리의 봉구. 날마다 술만 먹으면 '연애 한번 해보고 싶다'고 하소연을 해대는 통에 소개팅을 주선해줬어요. 연애고수인 저 전대건이가 가르쳐준 대로 10분 전에 미리 약속 장소에 도착해서 그녀를 기다리고 있더라고요. 그런데 마침 저 멀리서부터 광채가 보이는 예쁜 처자가 봉구에게 다가오는 게 아니겠어요? 오, "아, 아, 안녕하세요. 저… 저는 김봉구라고 합니다. 너… 너무 예… 예쁘시네요." 오 마이 갓! 갑자기 극심한 말더듬증과 함께 머리를 긁적이는 봉구. 이렇게 그의 솔로 행진은 계속될까요?

소개팅은 '말주변'이 정말 중요한 것 같아요. 봉구의 모태솔로 탈출을 기원하면서 오늘의 표현 "저는 말주변이 없어요."를 공부해보겠습니다. 말주변이 좋다는 것은 '말을 잘 다루는 것' 아니겠어요? 앗, 힌트를 너무 많이 드렸네요. 그럼 강의 속으로 들어가보시죠!

하루 10분 | 강의 듣고 감 잡기

I'm not good with words.
[암 낫 긋 위ㄷ 워즈]

미니 강의

> Westlife의 〈Obvious〉라는 노래 꼭 한번 들어보세요~! I'm not so good with words~라는 노래 가사가 고대로 들리실 거예요! good은 '굿'보다는 [긋]으로 발음해주시고요!

하루 5분 영어표현 되새기기

Speak out! 5번 소리내어 따라하기 ☐ ☐ ☐ ☐ ☐

» I'm not good / with words.
저는 능하지 않아요 / 말주변에(단어 사용에).

요런 상황에서 쓰여요!

A How was your blind date?
소개팅 어땠노?

B You know me! We hit it off from the beginning and she loves the way I speak.
내 알잖아! 처음부터 잘 맞았어. 그리고 내가 말하는 스타일 참 좋아하시더라고.

A Wow. I'm so jealous of you. **I'm not good with words.**
와. 니 진짜 부럽네. 난 참 말주변이 없는데 말이야.

대건이의 야무진 TIP!

good이 '좋은'이라는 뜻도 있지만 '~에 능한'이라는 뜻도 참 많이 쓰인답니다. 오늘 문장에서처럼요! 저는 능하지 않아요. I'm not good~ 어디에요? 말주변에 with words 그렇죠. 두 덩어리를 합치면 I'm not good with words. 자, 이렇게 오늘의 문장이 완성되었습니다. 반대로 말주변이 좋을 경우에는요? 그렇죠! not만 빼고 I'm good with words!라고 하시면 됩니다. 이해 가시죠?

218

›› 전화 받기 곤란하세요?

Day 95

만년백수였던 동네 친구가 드디어 취직을 했어요. 취업이 안 되어 매일 우울해하던 친구였는데, 좋은 직장에 잘 간 것 같아 저까지 괜히 흐뭇해지는 거 있죠. 그런데 가끔은 아쉬울 때도 있습니다. 언제든지 전화 한 통이면 바로 만날 수 있던 친구였는데, 이젠 그렇게 못한다는 거죠. 울적한 일이 있어 친구에게 전화를 해보지만, 너무 바빠 점심도 못 먹었다는 친구의 얘기를 듣고 괜히 미안해집니다. 이제는 근무시간에 전화하기도 미안해서 전화 받기 곤란한 상황인지 물어보는 게 우선이 되었습니다. "너 전화하기 곤란해?"라는 말은 영어로 어떻게 표현할까요? 전화라는 말이 들어가있으니깐 call이 나올까요? 10초 동안 반드시 먼저 머릿속으로 만들어보시고요! 오늘의 문장 아래에서 확인해보자구요~~

미니 강의

하루 10분 강의 듣고 감 잡기

›› **Did I catch you at a bad time?**
[디라이 케츄 에러 뱃-타임?]

"전화받기 곤란하니?"라는 표현도 있지만, "지금 시간 되세요? 지금 통화가능하세요?"라는 표현도 빈번히 사용되고 있죠? 그런 경우에는 요렇게 영어로 말씀해보세요~^^
- 지금 시간 되세요? Are you free now?
- 지금 통화 가능하세요? Are you available now?

하루 5분 | 영어표현 되새기기

Speak out!   5번 소리내어 따라하기 ☐ ☐ ☐ ☐ ☐

❯❯ Did I catch you / at a bad time?
제가 연락했나요 당신한테 / 안 좋은 시간에?

요런 상황에서 쓰여요!

A Taehun speaking, how may I help you?
    태훈입니다. 어떻게 도와드릴까요?

B Hey, it's me, Daegun. **Did I catch you at a bad time?**
    야, 내다. 대건이. 전화받기 곤란하냐?

A Oh, Daegun. Yeah, sort of.
    아, 대건이라. 어, 좀 그러네.

B Alright. Let me call you later.
    알겠다. 내가 이따 다시 전화할게.

대건이의 야무진 TIP!

희한하게 문장 어디에서도 call은 보이질 않는군요. 사실 동사 catch라면 우리는 '잡다'는 뜻만 떠올리곤 하는데요. '연락하다'라는 뜻도 가지고 있답니다. 바로 덩어리 정리해보면요. 제가 연락했나요/당신한테? Did I catch you~? 근데 언제요? 안 좋은 시간에 at a bad time 안 좋은 시간은 즉, 애매한 시간이라는 뜻이겠죠? 두 덩어리 합쳐볼까요? Did I catch you at a bad time?(지금 전화 받기 곤란하세요?) 꼭 소리내서 연습해보세요.

당신 난처하게 하려고 했던 건 아니에요

Day 96

오늘은 바로 기다리고 기다리던 사내 음악회가 있는 날. 왜 이렇게 기대하고 있냐고요? 제 여자 친구가 솔로로 노래를 부를 거거든요. 무대가 잘 보이는 자리에 자리를 잡고 그녀가 나오길 기다렸습니다. 드디어 그녀 차례, 누구 여자 친구인지 얼굴에서 광채가 뿜어져 나오는군요! 눈치를 보아하니 좀 긴장한 듯 보여요. 뭔가 힘이 되고 싶어 자리에서 벌떡 일어나 외쳤습니다. "경리과 권 대리 화이팅! 당신이 최고야!" 그 순간, 여자 친구 안색이 노랗게 변하더니 노래를 이어가지 못하더군요. 나중에 사정을 들어보니 안 그래도 긴장돼서 죽겠는데 저 때문에 당황해서 가사를 까먹었다고 하더라고요. 휴~ 좋은 남자 친구 되기 쉽지만은 않네요. 여러분, 의도와는 다르게 누군가를 난처하게 해본 적 있으신가요? 오늘의 문장은 그럴 때 딱! 활용할 수 있는 표현입니다. "당신 난처하게 하려고 했던 건 아니에요." 영어로는 어떻게 표현할까요? 반드시 머릿속으로 먼저 문장을 만들어보세요~

하루 10분 강의 듣고 감 잡기

미니 강의

» I didn't mean to embarrass you.
[아디른민 투 임붸뤄슈]

감정동사 embarrass는요, 주어가 사람일 땐 p.p.형태의 과거분사가 쓰이지만 주체가 사물이 되면 현재분사의 형태로 쓰여요. 예문으로 확인해볼까요?
- 저 정말 당황스러워요. I'm so embarrassed.
- 이 상황은 정말 난처하네요. This situation is really embarrassing.

하루 5분 | 영어표현 되새기기

Speak out! 5번 소리내어 따라하기 ☐ ☐ ☐ ☐ ☐

» I didn't mean / to embarrass you.
저는 의도하지 않았어요 / 당신을 난처하게 하는 것을.

요런 상황에서 쓰여요!

A Daegun, why did you keep looking at me during my presentation in class today?
대건아, 니 오늘 수업 중에 내가 발표할 때 왜 계속 뚫어져라 쳐다봤는데?

B Why, did I make you uncomfortable? 왜, 내가 불편하게 만들었나?

A Well, you did. I couldn't concentrate because you made me nervous. 어! 니 때문에 긴장해서 집중할 수가 없더라.

B **I didn't mean to embarrass you.** I just wanted to listen to you carefully. 니 난처하게 하려던 건 아니었어. 그냥 집중해서 듣고 싶었을 뿐인데.

대건이의 야무진 TIP!

의도한 것처럼 일이 안 풀렸을 때는 'I didn't mean to + 동사원형' 구문을 사용해서 말하면 됩니다. mean에는 '~를 의도하다'라는 뜻이 있거든요. 그러니까 I didn't mean~ 하게 되면 '저는 의도하지 않았습니다'라는 뜻이 되겠죠? 자, 바로 덩어리 정리해볼게요. 뭐를 의도하지 않았나요? 그죠, 난처하게 하는 걸/당신을 to embarrass you 이때 embarrass 스펠링도 꼭 확인해주시고요! 두 덩어리 합쳐볼게요! I didn't mean to embarrass you.(당신 난처하게 하려고 했던 건 아니에요.)

≫ 이 도로는 늘 교통체증이 심해요

중요한 미팅이 있어 외근을 가게 되었어요. 미팅이 있을 때는 혹시라도 차가 막혀 약속 시간에 늦을 까봐 항상 지하철을 이용한답니다. 제가 보기보다 철저한 남자거든요. 하하하~ 그런데 오늘은 김 대리님도 같이 가시기로 했고, 이것저것 짐도 많아서 차를 가지고 가기로 했답니다. 미팅에 필요한 준비를 다 마치고, 폼나게 선글라스도 딱 끼고 미팅 장소로 출발! 그런데 이게 웬걸, 올림픽대교가 차들로 가득차 꼼짝도 하질 않는 거예요. 김 대리님이 언짢은 목소리로 "이 도로는 늘 교통체증이 심해요. 제가 그래서 차 가지고 외근 안 간다니깐요."라고 말씀하시는 거예요. 아~ 편하게 모실려고 차 가지고 간 건데.ㅠㅠ 우째 이런 일이!

월요일부터 일요일까지 항상 차들이 넘쳐가는 도로구간이 어딜가든 꼭 있죠? "이 도로는 늘 교통체증이 심해요." 영어로는 어떻게 표현할 수 있을까요?

하루 10분 | 강의 듣고 감 잡기

≫ The traffic is always bad on this road.
[더츄래픽 이스 어웨이스 배ㄷ 언 디스 뤄우드]

교통체증을 얘기할 때 요렇게도 표현할 수 있어요. There's a lot of traffic. '많은 교통량이 있다'라는 뜻이니깐 도로가 꽉 막혔다는 뜻이 되죠? The traffic is terrible.이라고 말해도 같은 뜻이에요. 길이 얼마나 막혔으면 교통량이 terrible(끔찍한)하다고 표현할 수 있을까요? 재미있는 표현이니 기억해두세요.

하루 5분 | 영어표현 되새기기

Speak out!　　　　　　　　　　5번 소리내어 따라하기 ☐ ☐ ☐ ☐ ☐

» The traffic is always bad / on this road.

교통체증은 ~이에요 항상 심한 / 이 도로 위에서.

요런 상황에서 쓰여요!

A　Why are there so many cars on the road? Did the rush hour start already?
도로가 뭔 차가 이래 많노? 벌써 러시아워 시작인가?

B　**The traffic is always bad on this road.** We can't help it. 이 도로는 항상 교통체증이 심해. 우리도 어쩔 수 없어.

A　Oh God. We should have taken another road.
아 놔. 딴 길로 갔었어야 했는데.

대건이의 야무진 TIP!

교통체증이 심하다는 건 쉽게 말해서 '교통체증이 항상 좋지 않다'라는 뜻인데요. 그래서 형용사 bad 를 활용했답니다. 차는 항상 도로 '위'로 다니니까 전치사 'on'의 도움을 받았고요. 자, 이제 덩어리 정리해볼까요? 교통체증은 ~이에요/항상 좋지 않은 The traffic is always bad~ 어디에서요? 이 도로 위에서 on this road 자, 이제 합쳐보면요? The traffic is always bad on this road.(이 도로는 늘 교통체증이 심해요.)

›› 얼굴에 점 몇 개 뺐어요

Day 98

옆 부서에 근무하는 정훈 씨를 오랜만에 구내식당에서 만났습니다. 어라? 근데 이거 완전, 멀끔한 훈남이 되어버렸네요. '뭐고 이거?' 싶어서 자세히 살펴봤더니 아! 이 사람 휴가 때 얼굴에 있는 점이란 점을 다 빼서 왔군요. 얼굴에만 점이 30개가 넘는 사람인지라, 입사동기들끼리 장난삼아 놀리곤 했었거든요. 근데 정말 흔적조차 없이 깨끗해졌네요. "여~ 정훈 씨 인물 좋아졌네. 휴가 동안 혼자 좋은 약이라도 지어 먹은 거야? 좋은 거 있음 나도 좀 줘요." 이랬더니, "에이~ 그럴 돈이 어딨어요. 그냥 동네 피부과에서 점 몇 개 뺐어요."라고 웃으면서 대답하네요. 아니 이 사람 점 몇 개 수준이 아닐텐데! 올 겨울에 저도 점 빼고 훈남이 되어야겠어요.
"저 얼굴에 점 몇 개 뺐어요."를 영어로는 어떻게 표현할 수 있을까요? 반드시 스스로 만들어보시고요. 다 되신 분들은 곧바로 오늘의 문장 배우러 가보자구욧! Let's move!

하루 10분 강의 듣고 감 잡기

미니 강의

›› I removed some moles on my face. [아이 뤼뭅ㄷ 썸 모울스 언 마이 f페이스]

r 사운드에 주의해주세요. 입술을 동그랗게 말고 발음하시면 removed[뤼뭅드]로 발음하실 수 있을 거예요! 하나 더! 얼굴 말고 코에 점을 빼셨다고요? 그럼 on my face 대신 on my nose 만 넣어주시면 되지요~!

하루 5분 | 영어표현 되새기기

Speak out! 5번 소리내어 따라하기 ☐ ☐ ☐ ☐ ☐

>> I removed some moles / on my face. 저는 없앴어요 점 몇개를 / 제 얼굴에.

요런 상황에서 쓰여요!

A Hey, Daegun. You look different today. Let's see... wow! Did you remove moles?
야, 대건아. 니 오늘 좀 달라보이는데. 어디 보자… 오! 니 점 뺐나?

B I did! **I removed some moles on my face.**
오냐! 내 얼굴에 점 좀 뺐다.

대건이의 야무진 TIP!

점은 영어로 mole이라는 거 알고 계셨나요? dot에도 '점'이란 뜻이 있지만, 얼굴의 점은 아니에요. 한 개가 아니라 여러 개니까 some moles 요렇게 써주시면 되겠죠? '점을 없애다'니까 '제거하다'의 의미인 remove를 활용하면 쉽게 표현하실 수 있답니다. 이미 없앤 거니까 과거 형태로 removed를 썼고요. 제 얼굴 '위에' 난 거니까 on my face! 자, 이제 덩어리 정리해볼게요. 저는 없앴어요/점 몇 개를 I removed some moles~ 근데 그 점이 어디 있는 거라고요? 내 얼굴 위에 on my face 덩어리 합쳐보면요? I removed some moles on my face.(얼굴에 점 몇 개 뺐어요.)

》 우리 다른 얘기하면 안 될까요?

Day 99

문자로 이별통보 받아본 적 있으신가요? 저 어젯밤, 여자 친구에게 문자로 차였어요. 만나서 얘기해줬더라면, 어떻게 이유라도 물어볼 수 있었을 텐데, 이게 웬 날벼락인가 싶어 후다닥 전화를 해보니 "전화기가 꺼져있어……." 답답한 마음에 밤새 잠 못 이루고 이른 아침부터 동네 카페에 앉아 쓰디쓴 커피로 마음을 달래봅니다. 하염없이 비 내리는 창밖만 바라보고 있는데, 갑자기 동네 친구 놈이 문을 박차고 들어오네요. 저를 보자마자 뛰어와서는 "여친이랑은 잘 지내냐? 니 여친 완전 예쁘다고 소문났어! 언제 시간 나면 좀 보여줘." 이 녀석, 지금 불난 집에 부채질하나요? "야, 우리 다른 얘기하면 안 될까?"라고 차갑게 쏘아붙였더니 그제야 눈치를 챘는지 더 이상 묻질 않더라고요. 그렇게 우리는 아무 말 없이 쓴 커피 한 잔씩을 더 마셨습니다. 이처럼 대화 도중에 말하기 싫은 주제가 생겼을 때 "우리 다른 얘기하면 안 될까?"라는 말을 하는데요. 영어로는 어떻게 표현할까요?

하루 10분 | 강의 듣고 감 잡기

미니 강의

》 **Can we change the subject?**
[캐뉴 체인지 더 썹-젝트?]

subject는 다양한 의미가 있답니다. 오늘의 문장에서는 '대화, 주제거리'라고 쓰였는데요. 이 외에도 '과목, 주어' 요런 뜻도 가지고 있다는 거! 꼭 챙겨가세요. 제일 좋은 방법은 문장으로 그 쓰임새를 이해하는 거겠죠?

하루 5분 | 영어표현 되새기기

Speak out!   5번 소리내어 따라하기 ☐ ☐ ☐ ☐ ☐

Can we change / the subject?
우리 바꿀 수 있을까요 / 대화주제를?

요런 상황에서 쓰여요!

A How's it going with your girl friend?
   요즘 여친이랑 잘 돼가니?

B Um ... **can we change the subject?**
   어… 우리 다른 얘기하면 안 될까?

A Why? What's going on?
   왜? 뭐 어떻기에?

B I'd rather not talk about it.
   그냥 얘기 안 하는 게 좋을 것 같다.

대건이의 야무진 TIP!

다른 얘기를 한다는 건 말 그대로 '대화거리를 바꾼다'라는 말이잖아요. 그래서 '바꾸다'라는 의미의 change를 활용해 보았습니다. 한 가지 더! subject라는 명사는 다양한 의미가 있지만 여기서는 '대화의 주제, 화제'라는 뜻으로 쓰였다는 것도 기억해두세요! 곧바로 덩어리 정리해볼게요. 우리 바꿀 수 있을까요? Can we change~? 뭐를요? 대화주제를 the subject 합쳐볼까요? Can we change the subject?(우리 다른 얘기하면 안 될까요?) 반드시 5번 이상 소리내어 읽어보세요!

228

여기저기 떠벌리고 다니지 좀 마세요

Day 100

헤어진 여자 친구 생각에 일이 손에 안 잡혀서 멍하니 있었나봐요. 그걸 목격한 회사 동기가 무슨 일 있냐며 걱정스런 눈빛으로 물어보네요. 같이 담배나 한 대 피워야겠다 싶어 밖으로 나갔죠. 진심 어린 목소리로 걱정해주는 동기 놈을 보니 마음이 놓여서 저도 모르게 그만 여친에게 차였다는 부끄러운 사실을 말해버렸어요. 막상 얘기를 하고 나니 마음이 찜찜해 "니 꼭 비밀로 해야한다, 알았제?"라고 신신당부를 했죠. 그리고 이틀 뒤, 옆 부서 동기가 저를 보자마자 큰 소리로 이렇게 말하는 거예요. "어이, 대건! 여친에게 문자로 차였다며? 내가 이쁜 처자 소개해줄 테니 이제 그만 잊어." 헐! 아무에게도 들키고 싶지 않은 이 굴욕적인 사실을 이렇게 큰소리로 말해버리다니… 그렇게 신신당부를 했건만, 고새를 못 참고 떠벌리다니요. 세상에 믿을 사람 하나 없군요. 이렇게 비밀거리 같은 걸 떠벌리는 사람들에게 할 수 있는 말, "여기저기 떠벌리고 다니지 좀 마세요."는 영어로 어떻게 표현할까요? 머릿속으로 먼저 만들어보신 후에, 오늘 강의에서 확인하시죠.

하루 10분 | 강의 듣고 감 잡기

» **Don't go around advertising.**
[도운 거 어라운ㄷ 애ㄷ버타이징]

아직도 Don't를 [돈트]라고 발음하나요? 촌스럽긴! t발음을 내지 않고 [도운]이라고 발음해주세요. adversing도 d발음을 약하게 해서 [애ㄷ버타이징]으로 발음해보세요.

하루 5분 영어표현 되새기기

Speak out!　　　　　　　　　5번 소리내어 따라하기 ☐ ☐ ☐ ☐ ☐

» Don't go around / advertising.
돌아다니지 마라 / 광고하면서(떠벌리면서).

요런 상황에서 쓰여요!

A Hey, why did you tell Sunwoo what we talked about? I said it was just between us.
야, 니 왜 선우한테 우리가 얘기했던 거 말했는데? 내가 우리끼리만 알자고 그랬잖아.

B What are you talking about? I never told anyone!
니 지금 무슨 소리 하는 건데? 내 아무한테도 말 안 했어!

A Are you lying to me? I'm warning you. **Don't go around advertising.**
이제는 나한테 거짓말까지 치나? 경고한다. 여기저기 떠벌리고 다니지 좀 마.

대건이의 야무진 TIP!

떠벌리고 다닌다는 건 말 그대로 여기저기 광고하고 다닌다는 뜻이겠죠? 그래서 여기저기 떠벌리지 말라는 의미로 Don't go around advertising이라는 표현을 쓰는 것이랍니다. '돌아다니지 마'는 부정 명령문이니까 동사 go 앞에 Do not을 붙여 부정의 의미를 표현했구요. 곧바로 덩어리 정리해봅시다. 돌아다니지 좀 마. Don't go around~ 어떻게 하면서요? 광고하면서(떠벌리면서) advertising 합쳐볼까요? Don't go around advertising.(여기저기 떠벌리고 다니지 좀 마세요)

SELF TEST 📢
지금까지 배운 표현들, 한 번 말해 볼까요?

☞ 정답은 다음 페이지에

탈의실이 어디죠?

제 시계는 5분 빨라요.

우리 오해를 풀 수 있을까요?

저는 말주변이 없어요.

전화 받기 곤란하세요?

당신 난처하게 하려고 했던 건 아니에요.

이 도로는 늘 교통체증이 심해요.

얼굴에 점 몇 개 뺐어요.

우리 다른 얘기하면 안 될까요?

여기저기 떠벌리고 다니지 좀 마세요.

Where is the fitting room?

My watch is 5 minutes fast.

Can we clear up the misunderstanding?

I'm not good with words.

Did I catch you at a bad time?

I didn't mean to embarrass you.

The traffic is always bad on this road.

I removed some moles on my face.

Can we change the subject?

Don't go around advertising.